Marcus Föller

Kritische Analyse des DRS 24

Marcus Föller

Kritische Analyse des DRS 24

Die Bilanzierung immaterieller Vermögensgegenstände im Konzernabschluss

Lehrbuchverlag

Imprint

Cover image: www.ingimage.com

Publisher:
Der Lehrbuchverlag
is a trademark of
International Book Market Service Ltd., member of OmniScriptum Publishing Group
17 Meldrum Street, Beau Bassin 71504, Mauritius
Printed at: see last page
ISBN: 978-620-0-44627-5

„Kritische Analyse des DRS 24 zur Bilanzierung immaterieller Vermögensgegenstände im Konzernabschluss“

von: Marcus Föller

Inhaltsverzeichnis

Tabellenverzeichnis

Abkürzungsverzeichnis

AktG	Aktiengesetz
ArbnErfG	Gesetz über Arbeitnehmererfindungen
Art.	Artikel
a. F.	Alte Fassung
BB	Betriebs Berater
BBK	Buchführung, Bilanzierung, Rechnungswesen
BC	Zeitschrift für Bilanzierung, Rechnungswesen und Controlling
BStBl	Bundessteuerblatt
BFH	Bundesfinanzhof
BFH/NV	Bundesfinanzhof/ nicht veröffentlicht
BGB	Bürgerliches Gesetzbuch
BilMoG	Bilanzrechtsmodernisierungsgesetz
BilRUG	Bilanzrichtlinie-Umsetzungsgesetz
BT-Drucksache	Drucksache des Deutschen Bundestages
DRS	Deutsche Rechnungslegungs Standards
DRSC	Deutsches Rechnungslegungs Standards Committee e.V.
DStR	Deutsches Steuerrecht
E-DRS	Entwurf des Deutschen Rechnungslegungs Standards
EG	Europäische Gemeinschaft
EStG	Einkommensteuergesetz
EU	Europäische Union
EWG	Europäische Wirtschaftsgemeinschaft
f.	folgend
ff.	fortfolgend
GE	Geldeinheit(-en)
GmbHG	GmbH-Gesetz
GoB	Grundsätze ordnungsgemäßer Buchführung
GRUR	Gewerblicher Rechtsschutz und Urheberrecht
HBR	Harvard Business Review
HGB	Handelsgesetzbuch

Hrsg.	Herausgeber
IAS	International Accounting Standards
IASB	International Accounting Standards Board
IDW	Institut der Wirtschaftsprüfer
IDW S	Institut der Wirtschaftsprüfer - Standards
IDW RS HFA	Institut der Wirtschaftsprüfer - Stellungnahme zur Rechnungslegung
IFRIC	International Financial Reporting Interpretation Committee
IFRS	International Financial Reporting Standards
InsO	Insolvenzordnung
IRZ	Zeitschrift für internationale Rechnungslegung
iVm.	In Verbindung mit
KoR	Konzernorientierte Rechnungslegung
NZG	Neue Zeitschrift für Gesellschaftsrecht
PiR	Praxis der internationalen Rechnungslegung
PublG	Publizitätsgesetz
RL	Richtlinie
Rn.	Randnummer
S.	Satz
SFAS	Statement of Financial Accounting Standards
StuB	Steuern und Bilanzen
u.a.	Unter anderem
Unterabschn.	Unterabschnitt
US-GAAP	United States – General Accepted Accounting Standards
Vgl.	Vergleiche
WPg	Wirtschaftsprüfung
ZfbF	Schmalenbachs Zeitschrift für betriebswirtschaftliche Forschung
ZfCM	Zeitschrift für Controlling und Management
ZGR	Zeitschrift für Unternehmens- und Gesellschaftsrecht
ZP	Zeitschrift für Planung (& Unternehmenssteuerung)

Zusammenfassung

Immaterielle Vermögensgegenstände spielen in einer stark wissensbasierten Gesellschaft eine immer größere Rolle. Demzufolge konnte in den letzten Jahren sowohl bezüglich der Häufigkeit, als auch der Höhe immaterieller Vermögensgegenstände bilanzpolitisch eine starke Steigerung beobachtet werden. Problematisch ist dies zumal deshalb, da immaterielle Güter aufgrund ihrer fehlenden Substanz und häufig nicht vorhandener Vergleichsmöglichkeiten eine Vielzahl an Ermessens- und Bewertungsspielräume für das bilanzierende Unternehmen bieten.

Im Rahmen der Konzernrechnungslegung spielen immaterielle Vermögensgegenstände insbesondere bei der Erstkonsolidierung eine bedeutende Rolle. Hier müssen zur Verteilung des Kaufpreises auf die einzelnen erworbenen Vermögensgegenstände die immateriellen Werte häufig erst identifiziert und bewertet werden um einen möglichst verlässlichen Geschäfts- oder Firmenwert, auch Goodwill genannt, zu ermöglichen.

Aufgrund der zunehmenden Globalisierung zeigt sich in der Praxis, dass die Anzahl an Unternehmenserwerben stetig zunimmt. Infolgedessen übersteigen die akkumulierten Geschäfts- oder Firmenwerte nicht selten das Eigenkapital des Konzerns. Dies muss besonders aufgrund des unsicheren Charakters des Goodwills kritisch gesehen werden. Um hier Spielräume einzuschränken und eine Stärkung der Informations- und Vergleichsfunktion von Konzernabschlüssen herbeizuführen, wird der Ruf nach konkreten Ansatz- und Bewertungsvorschriften für immaterielle Vermögensgegenstände im Konzernabschluss laut.

Der DRS 24 nahm sich dabei genau diesem Thema an. Leider, wie festgehalten werden muss, ohne große Erfolge in Form neuer Erkenntnisse.

Werden die Regelungen zum Ansatz betrachtet, so ist positiv festzuhalten, dass erstmals eine Definition des immateriellen Vermögensgegenstandes in der deutschen Rechnungslegung stattfindet und auch die notwendige Einzelverwertbarkeit für HGB-Verhältnisse weit ausgelegt wird. Ansonsten befasst sich die Betrachtung von Ansatzregelungen jedoch ausschließlich mit den Paragraphen 246 und 248 des HGB, dessen Bestimmungen für Einzelabschlüsse eine höhere Bedeutung aufweisen als für die im DRS 24 eigentlich maßgeblichen Konzernabschlüsse. Konkrete Probleme und Zweifelsfragen hinsichtlich der Identifizierung im Rahmen des Unternehmenserwerbs, wie sie in der Praxis häufig anzutreffen sind, werden vom DRSC fast gänzlich ausgespart.

Ähnliches lässt sich auch für die Bewertungsregelungen festhalten. Wird zwar bei der Wertbestimmung immateriellen Vermögens im Rahmen der Kapitalkonsolidierung richtigerweise auf den beizulegenden Zeitwert hingewiesen, gehen die Darstellungen kaum über die anwendbaren Verfahren zur Ermittlung hinaus. Auch hier bleiben konzernrechnungsspezifische Anwendungsfragen unbeantwortet.

Es lässt sich daher festhalten, dass der DRS 24 nur unwesentliche Hilfe im Hinblick auf die Kaufpreisallokation leistet und den bestehenden Problemen zu hoher Goodwill-Ansätze im Falle eines Unternehmenserwerbs mit den Regelungen des Standards kaum begegnet werden kann.

Gleichzeitig wirft der starke Fokus auf jahresabschlussbezogene Probleme die Frage auf, inwieweit die Regelungen des DRS 24 Relevanz für die Ersteller von Einzelabschlüssen besitzen, beschränken sich die Kompetenzen des DRSC doch auf die Festsetzung der Grundsätze ordnungsgemäßer Konzernbuchführung. Da zum jetzigen Stand allerdings nicht davon ausgegangen werden darf, dass die DRS-Regelungen maßgeblich für den Jahresabschluss sind und die Konzernfragen, wie dargestellt, kaum Beachtung gefunden haben, lässt sich nur festhalten, dass das DRSC eine Chance verpasst hat und mit dem DRS 24 sein eigentliches Thema verfehlt.

A. Einleitung

Das Leben im 21. Jahrhundert ist geprägt von einer wissensbasierten Gesellschaft. Diese entfaltet sich dabei nicht nur auf soziale Aspekte des Lebens, sondern bringt auch Implikationen für das Handeln und Tun wirtschaftlicher Akteure mit sich. Deutlich wird dies an der wachsenden Bedeutung des tertiären Sektors, gekennzeichnet durch den Dienstleistungssektor, einschließlich wissensbasierter Branchen.[1] Dementsprechend wird deutlich, dass immaterielles Vermögen eine immer bedeutendere Rolle in der Bilanz von Unternehmen einnehmen. Besonders in innovativen Wirtschaftsbereichen, in welchen ständige Verbesserungen der Produkte und Verfahrensabläufe notwendig sind, nimmt der Umfang und die Bedeutung immaterieller Güter immer weiter zu.[2]

Diese zunehmende Wichtigkeit wurde im Jahr 2008 auch vom Bilanzrechtsmodernisierungsgesetz, kurz BilMoG, berücksichtigt, welches erstmals ein Aktivierungswahlrecht selbsterstellter immaterieller Vermögensgegenstände festsetzte.[3] Die entscheidende Beeinflussung des Unternehmenswertes ist dabei auch für die Konzernrechnungslegung relevant. So stellt sich das immaterielle Vermögen auch im Konzern als nicht minderwichtig dar und spielt zumal im Rahmen des Unternehmenserwerbs bei der Kaufpreisallokation eine wichtige Rolle, wo die immateriellen Werte häufig erst identifiziert und bewertet werden müssen um so eine möglichst verlässliche Schätzung des verbleibenden Geschäfts- oder Firmenwerts ermitteln zu können.[4]

Die Durchführung der Kaufpreisallokation stellt sich dabei in der Praxis zumal schwierig dar. Hier bieten sich den aufnehmenden Unternehmen eine Vielzahl von Ansatz- und Bewertungsspielräumen.[5] Dieser Spielraum wird dabei häufig ausgenutzt um einen möglichst hohen Geschäfts- oder Firmenwert, auch Goodwill genannt, auszuweisen. Jener kann dabei hohen Einfluss auf die gegenwärtigen und zukünftigen Ertragserwartungen des Konzernunternehmens haben.[6] Aufgrund hoher Zahlungen und einer stetig steigenden Zahl an strategischen Unternehmensübernahmen stellen Geschäfts- oder Firmenwerte oftmals einen der größten Aktivposten in den Bilanzen und übertreffen dabei häufig

[1] Vgl. *Mujkanovic*, StuB 7/2016, 247 (247); *Arbeitskreis „Immaterielle Werte im Rechnungswesen"*, DB 23/2003, 1233 (1233); *Coenenberg/Haller/Schultze*, Jahresabschluss, 178.

[2] Vgl. *Eckert*, DB 39/2016, 2265 (2265); *Mujkanovic*, StuB 7/2016, 247 (247).

[3] Vgl. *Wulf*, ZPU 20/2010, 331 (331 f.).

[4] Vgl. *Bissinger/Dornbauer/Schneemann*, Corporate Finance biz 4/2010, 240 (240); *Wulf/Lange/Niemöller*, BB 2015, 1835 (1835); *Haller/Reinke* (Hrsg.), ZfbF 60/2009, 84.

[5] Vgl. *Cappel/Hartmann*, KoR 5/2018, 230 (230); *Wulf*, Immaterielle Vermögenswerte nach IFRS, 91.

[6] Vgl. Focken/Plawky, KoR 7/2004, 298 (298).

auch das Konzerneigenkapital.[7] In ihm können sich sowohl gerechtfertigte Gewinnerwartungen als auch Fehleinschätzungen des Managements widerspiegeln.[8] Aufgrund dieser Unsicherheiten und der steigenden Bedeutung des Goodwills wurde so in den letzten Jahren verstärkt versucht, das Konstrukt dieses Sammelpostens zu entwirren und in seine wirtschaftlichen Einzelteile zu trennen. Damit sollte erreicht werden, dass die Abschlussadressaten einen Einblick über die durch den Goodwill-Erwerb gewonnenen immateriellen Vermögensgegenstände und Risiken gewinnen können. Zudem könnte so durch konkretere Abschreibungszeiträume und -methoden eine genauere Periodisierung der Ergebnisse gewährleistet werden.[9]

Um hier eine möglichst genaue und realitätsgetreue Abspaltung immateriellen Vermögens vornehmen zu können, sind konkrete Regeln, sowie die Adressierung von Zweifelsfragen hinsichtlich des Ansatzes und der Bewertung von Nöten. Hier offenbaren sich im Rahmen der Kaufpreisallokation besonders viele Problemstellungen.[10] Dementsprechend wurde am 16. Februar 2016 der DRS 24 „Immaterielle Vermögensgegenstände im Konzernabschluss" veröffentlicht. Dieser soll dabei die handelsrechtlichen Vorschriften konkretisieren und bestehende Zweifelsfragen beantworten um so die Informationsfunktion des Konzernabschlusses zu stärken.[11]

Dementsprechend soll diese Arbeit die Ausführungen des DRS 24 kritisch beleuchten und die Frage beantworten, inwieweit bestehende Zweifelsfragen hinsichtlich immaterieller Vermögensgegenstände im Konzernabschluss beantwortet werden. Da jedoch auch die Bestimmungen für den Einzelabschluss (über die Handelsbilanz I) Einfluss auf den Konzernabschluss ausüben und sich diese Arbeit als ganzheitliche Betrachtung des Standards versteht, sollen auch die nicht konzernspezifischen Sachverhalte des DRS 24 kritisch gewürdigt werden.[12]

Der Aufbau der Arbeit orientiert sich dabei stark am DRS 24. So wird zuerst die Definition immateriellen Vermögenstände näher beleuchtet, bevor die Ansatzregelungen dieser kritisch betrachtet werden. Besonderes Augenmerk wird dann daraufgelegt, ob der DRSC

---

[7] Vgl. *Küting*, DB 51/52/2005, 2757 (2758).

[8] Vgl. *Sellhorn*, Goodwill Impairment, 12; *Küting*, DB 51/52/2005, 2757 (2758).

[9] Vgl. *Busse von Colbe*, ZGR Band 29 (4/5/2000), 651 (660); *Hachmeister/Kunath*, KoR 2/2005, 58 (62); *Küting*, DB 51/52/2005, 2757 (2758).

[10] Vgl. *Rogler/Schmidt/Tettenborn*, KoR 12/2014, 577 (577).

[11] Vgl. *Landgraf/Herrmann/Heßdörfer*, PiR 10/2018, 285 (286); *Wulf/Lange/Niemöller*, BB 2015, 1835 (1835).

[12] Vgl. *Baetge/Kirsch/Thiele*, Konzernbilanzen, 68 ff.; *Barckow*, in: Velte/Müller/Weber/Sassen/Mammen (Hrsg.), Rechnungslegung, 33 (43).

durch die Darstellungen im Rahmen des Ansatzes für die Praxis bestehende Probleme lösen kann. Darauffolgend soll dann eine Betrachtung der Bewertungsregeln, einschließlich Folgebewertung, stattfinden. Auch hier soll anschließend wieder untersucht werden, inwieweit diese Regelungen bestehende Fragestellungen der Praxis beantworten können. Ist die Auseinandersetzung mit Ansatz und Bewertung, welche bei der Kaufpreisallokation die Hauptaufgaben hinsichtlich immateriellen Vermögens darstellen[13], abgeschlossen, soll danach ein Exkurs bezüglich anderer, durch immaterielle Vermögensgegenstände verursachter, Konzernprobleme erfolgen. Danach soll letztendlich ein Fazit erfolgen, ob und inwieweit sich der DRS 24 für den Umgang mit immateriellen Vermögensgegenständen im Konzernabschluss als hilfreich erweist.

Beginnen soll die Arbeit nun allerdings mit einer näheren Darstellung grundlegender Begriffe.

B. Grundlagen

Die deutschen Rechnungslegungsstandards, kurz DRS, dienen der Konkretisierung der Grundsätze ordnungsgemäßer Buchführung für nach deutschem Recht bilanzierenden Konzernen.[14] Als Konzern wird ein Zusammenschluss von Unternehmen verstanden, welche rechtlich selbstständig sind, jedoch wirtschaftlich eine Einheit bilden.[15] Eine Definition des Konzernbegriffes findet sich dabei im Aktiengesetz, welches besagt, dass sich ein Konzern durch eine einheitliche Leitung von mindestens zwei Unternehmen charakterisiert.[16] Das HGB formuliert anstatt einer Definition die Begriffe „Mutterunternehmen" und „Tochterunternehmen", welche für das Bestehen eines Konzerns als Gesamtheit vorliegen müssen.[17] Voraussetzung für die Konzernrechnungslegungspflicht ist dabei die Möglichkeit, dass der beherrschenden Einfluss des Mutterunternehmens auf das Tochterunternehmen ausgeübt werden kann. Ist dies der Fall, ist das Mutterunternehmen zur Aufstellung eines Konzernabschlusses verpflichtet, insofern keine gesonderten

---

[13] Vgl. *Moser*, Finanz Betrieb 11/2008, 732 (732).

[14] Vgl. *Mujkanovic*, StuB 14/2015, 523 (523); *Buchholz*, Ein neues DRSC?, 1.

[15] Vgl. *Baetge/Kirsch/Thiele*, Konzernbilanzen, 1.

[16] Vgl. § 18 AktG; *Küting/Weber*, Konzernabschluss, 79 f.

[17] Vgl. § 290 I HGB; *Küting/Weber*, Konzernabschluss, 80.

Befreiungen[18] vorliegen.[19] Für den Konzernabschluss sind nach § 298 I HGB die gleichen Grundsätze zu beachten, wie nach dem HGB-Einzelabschluss. Hier ist insbesondere das Vorsichtsprinzip nach § 252 I Nr. 4 HGB zu nennen, nach welchem die Bewertung „vorsichtig" zu erfolgen hat. Das Prinzip der Vorsicht schlägt sich zudem im Imparitätsprinzip nieder, nach welchem Verluste schon vor der Realisation berücksichtigt werden sollen, während Gewinne erst bei Realisierung berücksichtigt werden dürfen.[20] Auch ist das Niederstwertprinzip zu beachten, nach welchem grundsätzlich von mehreren möglichen Werten der niedrigste anzusetzen ist.[21]

Die Aufgabe des Konzernabschlusses ist es dabei, ein möglichst realitätsgetreues Bild der Finanz-, Vermögens- und Ertragslage des Konzernverbundes wiederzugeben.[22] Demzufolge zeigt sich der Konzernabschluss hauptsächlich als Informationsinstrument und hat sich an den Bedürfnissen der anzusprechenden Interessengruppen zu orientieren.[23]

Um ein realitätsnahes Bild des Konzernabschlusses zu gewährleisten, ist dieser nach der Fiktion der rechtlichen Einheit des Konzerns aufzustellen. Nach dieser ist der Abschluss eines Konzerns so aufzustellen, als wären alle Konzernunternehmen ein rechtlich einheitliches Unternehmen.[24] Gleichzeitig ergeben sich daraus die Grundsätze für konzerneinheitliche Rechnungsperioden, Bilanz- und Bewertungsansätze, sowie eine einheitliche Besteuerung.[25] Diese Anpassungen sind nötig um aus dem Einzelabschluss, auch Handelsbilanz I genannt, eine Handelsbilanz II zu erstellen, die Ausgangspunkt ist für die Aufdeckung möglicher stillen Reserven und eine eventuelle Währungsumrechnung ist.[26] Neben diesen Anpassungen müssen auch fehlerhaft dargestellte Posten in den Einzelabschlüssen der Konzernunternehmen ausgebessert werden um der Einheitsfiktion zu entsprechen.[27] Ein Hauptproblem stellen dabei die konzerninternen Beziehungen dar, welche durch die Konsolidierungsarten beseitigt werden sollen.[28]

---

[18] Vgl. §§ 290 V, 291 ff. HGB.

[19] Vgl. § 290 I HGB; *Baetge/Kirsch/Thiele*, Konzernbilanzen, 3 f.

[20] Vgl. *Bitz/Schneeloch/Wittstock/Patek,* Jahresabschluss, 226 ff.

[21] Vgl. §§ 253 III Nr. 4, 253 IV HGB; *Bitz/Schneeloch/Wittstock/Patek,* Jahresabschluss, 282 f.

[22] Vgl. § 297 II S.2 HGB.

[23] Vgl. *Busse von Colbe et al.,* Konzernabschlüsse, 18.

[24] Vgl. Ebenda, 25.

[25] Vgl. Ebenda, 38.

[26] Vgl. *Baetge/Kirsch/Thiele*, Konzernbilanzen, 68 ff.

[27] Vgl. Ebenda, 3 f.

[28] Vgl. Ebenda, 11.

Von zentraler Bedeutung für diese Arbeit ist dabei die Erstkonsolidierung im Falle eines Unternehmenserwerbs, welche Teil der Kapitalkonsolidierung nach § 301 HGB ist. Nach dieser sind Kapitalverflechtungen zwischen Mutter- und Tochterunternehmen zu eliminieren. So sind die bilanzierten Buchwerte der Beteiligungen des Mutterunternehmens mit den Eigenkapitalanteilen des Mutterunternehmens zu verrechnen. Dies ist daher von Nöten, da das erworbene Tochterunternehmen sowohl mit seinen Vermögensgegenständen und Schulden erfasst wird, gleichzeitig aber genauso die Beteiligung des Mutterunternehmens an der Tochter. Demzufolge kommt es auch zu einer Doppelerfassung im Eigenkapital des summierten Abschlusses.[29]

Nach § 301 HGB ist dabei die Erwerbsmethode anzuwenden, nach welcher die Erweiterung des Konzerns durch das Tochterunternehmen wie der Kauf eines Investitionsgutes zu behandeln ist. Dieses Investitionsgut versteht sich dabei als die Summe der Vermögensgegenstände und Schulden des Tochterunternehmens, bewertet zum Zeitpunkt des Erwerbs. Die Verteilung des Preises für das Tochterunternehmen auf die Vermögensgegenstände und Schulden wird dabei auch Kaufpreisallokation genannt und ist das Herzstück jeder Kapitalkonsolidierung. Durch diese Neubewertungen kommt es zum einen zur Aufdeckung stiller Reserven, welche das Eigenkapital des erworbenen Unternehmens erhöhen und zeitgleich auch zur Offenlegung stiller Lasten, die wiederum das Eigenkapital senken. In diesem Zusammenhang sind auch bisher dem Aktivierungsverbot nach § 248 II HGB unterlegene immaterielle Vermögensgegenstände anzusetzen. Die hier genannten Anpassungen führen so zur Handelsbilanz III, welche Ausgangspunkt für die Addition der angepassten Einzelabschlüsse ist. Übersteigt dabei nun das neubewertete Eigenkapital die bisher für das Tochterunternehmen aufgebrachten Kosten in Form des bisherigen Beteiligungsbuchwerts, wird dieser Geschäfts- oder Firmenwert, auch Goodwill bezeichnet, in der Konzernbilanz aktiviert. Gestaltet sich das neubewertete Eigenkapital geringer als der Beteiligungsbuchwert, ist dieser zu passivieren.[30] Wird nun, basierend auf der Handelsbilanz III des Tochterunternehmens, die Kapitalkonsolidierung durchgeführt, bleiben lediglich die Vermögensgegenstände und Schulden, sowie der entstandene Differenzbetrag üblich.[31]

---

[29] Vgl. *Busse von Colbe* et al., Konzernabschlüsse, 193 f.; *Baetge/Kirsch/Thiele*, Konzernbilanzen, 11.

[30] Vgl. *Baetge/Kirsch/Thiele*, Konzernbilanzen, 184 f., 201; *Busse von Colbe et al.*, Konzernabschlüsse, 199f; *Wollmert/Oser/Skirk*, ZfCM Sonderheft 3/2010, 71 (73); § 301 III S.1 HGB.

[31] Vgl. *Baetge/Kirsch/Thiele*, Konzernbilanzen, 204.

Im Rahmen der Folgekonsolidierung sind die angesetzten Zeitwerte, sowie die neu aufgedeckten Vermögensgegenstände, welche in die Konzernbilanz übernommen wurden, fortzuführen und abzuschreiben.[32]
Neben der Kapitalkonsolidierung sind bei Konzernbilanzerstellung noch weitere Konsolidierungen von Nöten, welchen in dieser Arbeit nur eine untergeordnete Bedeutung zukommt. So sind im Rahmen der Schuldenkonsolidierung nach § 303 HGB konzerninterne Schuldverhältnisse zu eliminieren. Kommt es zu internen Lieferungen und Leistungen, werden deren Auswirkungen auf die Konzernbilanz durch die Zwischenergebniselimininierung, gemäß § 304 HGB, bereinigt, während gleichzeitig die Aufwands- und Ertragskonsolidierung[33] einen Niederschlag dieser Sachverhalte in der Konzern-Gewinn- und Verlustrechnung unterbindet.[34]
Wie bereits ersichtlich wird, stellt sich die Konzernrechnungslegung als facettenreich und äußerst komplex dar. Hilfestellungen sollen dabei vom DRSC erfolgen. Ob und inwieweit dies im Rahmen immaterieller Vermögensgegenstände gelungen ist, soll nun untersucht werden.

C. Ansatz

I. Definition von Vermögensgegenständen

Bevor es zu einer Diskussion hinsichtlich des bilanziellen Ansatzes und der Bewertung von immateriellen Vermögensgegenständen kommen kann, ist zunächst einmal eine klare Definition von zentralen Begriffen nötig. Dieser Ansicht folgt auch das DRSC im Rahmen des DRS 24 anhand des Abschnitts „Definitionen"[35], noch vor Beginn der Darlegung der Ansatzregeln, beginnend mit DRS 24.15. Dies ist hinsichtlich der Übersichtlichkeit und auch des Verständnisses sehr zu begrüßen.[36]
Da im Verlauf dieser Arbeit noch auf sämtliche angeführte Definitionen eingegangen wird, soll hier nun zuerst die Definition des Vermögensgegenstands im Mittelpunkt stehen, was auch aufgrund der elementaren Bedeutung eines Grundverständnisses

---

[32] Vgl. *Baetge/Kirsch/Thiele*, Konzernbilanzen, 185.

[33] Vgl. § 305 HGB.

[34] Vgl. *Baetge/Kirsch/Thiele*, Konzernbilanzen, 12.

[35] Vgl. DRS 24.8.

[36] Vgl. *Wulf/Lange/Niemöller*, BB 2015, 1835 (1835 f.).

hinsichtlich der (immateriellen) Vermögensgegenstandseigenschaften thematisch sinnvoll erscheint. Zudem ist auch im Rahmen der Kaufpreisallokation bei einem Unternehmenserwerb die Frage nach den vorliegenden Vermögensgegenständen von eminenter Bedeutung, ist es doch eine grundlegende Voraussetzung für eine vom Geschäfts- oder Firmenwert getrennte Darstellung von erworbenen Gütern.[37]

Der Vermögensgegenstand im Allgemeinen wird dabei als „nach Verkehrsauffassung einzeln verwertbares Gut“ festgelegt.[38] Sowohl der Begriff des Vermögensgegenstands, als auch der ihm zugrunde liegende Begriff des Guts wurden bis dato nicht gesetzlich im HGB festgeschrieben, jedoch im Regierungsentwurf zum Bilanzrechtsmodernisierungsgesetz näher erläutert.[39] An diesem orientiert sich folglich auch die Definition nach DRS 24.[40]

Demnach ist die Frage nach der Einzelverwertbarkeit der Ausgangspunkt für die Behandlung von materiellen, als auch immateriellen Vermögensgegenständen. Begründet wird dies durch das Vollständigkeitsgebot nach § 246 I HGB, nach welchem alle Vermögensgegenstände in einer Unternehmensbilanz aufzuführen sind, die separat verwertet werden können, solange dies nicht durch gesetzliche Regularien eingeschränkt wird, und dementsprechend aus der gläubigerorientierten Sicht des HGB ein Schuldendeckungspotenzial für das Unternehmen darstellen. Dass es jedoch auch Abweichungen vom Vollständigkeitsansatz gibt, wird sich noch später im Rahmen der Behandlung von selbst erstellten immateriellen Vermögensgegenständen zeigen.[41]

Voraussetzung für die Beurteilung der Verwertbarkeit ist dabei eine nachvollziehbare Dokumentation des jeweiligen Gutes. Nur anhand dieser kann über die Vermögensgegenstandseigenschaften entschieden werden. Beispielhaft sind hier Verfahrensbeschreibungen, Zeichnungen oder Pläne als Dokumentationswerkzeuge zu nennen.[42]

Aufbauend darauf, konkretisieren DRS 24.17ff den Begriff der Einzelverwertbarkeit. Demzufolge ist die Einzelverwertbarkeit gegeben, wenn das Gut gegenüber dritten abstrakt verwertbar ist, was bedeutet, dass eine prinzipielle Möglichkeit der Veräußerung

---

[37] Vgl. *Rogler/Schmidt/Tettenborn*, KoR 12/2014, 577 (577).

[38] Vgl. DRS 24.8 iVm. DRS 24.17.

[39] Vgl. BT-Drucksache 16/10067, 50; *Theile*, BBK 12/2008, 605 (605 ff.).

[40] Vgl. *Theile*, BBK 11/2015, 522 (523).

[41] Vgl. *Pellens/Fülbier/Gassen/Sellhorn*, Internationale Rechnungslegung, 415; DRS 24.15; DRS 24.B11 ff.; *Rohleder*, DB 29/2016, 1645 (1645 f.); *Wulf*, ZPU 20/2010, 331 (332).

[42] Vgl. *Mujkanovic*, StuB 14/2015, 523, (523); *Gelhausen/Fey/Kämpfer*, Rechnungslegung nach BilMoG, § 248, Rn. 58.

ausreicht, auch wenn vertragliche oder auch gesetzliche Gründe einer tatsächlichen Veräußerung entgegenstehen.[43]

Beispiel 1:

Eine in Deutschland ansässige Radiofunkstation ersteigert eine Frequenzspur von der Landesmedienanstalt im Bundesland, in welchem es senden möchte. Die eigene Weiterveräußerung oder auch Weiterlizensierung ist nach dem Landesrundfunkgesetz untersagt. Dementsprechend liegt hier eine konkrete Veräußerungsbeschränkung vor. Trotzdem ist eine Verwertung einer Lizenz nach allgemeiner Verkehrsauffassung möglich, weshalb, abgesehen von dem konkreten Verwertungsverbot, eine abstrakte Verwertbarkeit vorliegt und dementsprechend die Bewertung der Lizenz als immaterieller Vermögensgegenstand zulässig ist.[44]

Neben der abstrakten Verwertbarkeit hätte durch das DRSC hier auch eine konkrete Verwertbarkeit festgeschrieben werden können, nach welcher nur die Vermögensgegenstände anzusetzen gewesen wären, welche auch unter rechtlichen Aspekten tatsächlich verwertbar sind.[45] Der Vorzug der abstrakten Einzelverwertung gegenüber der konkreten ist jedoch zu begrüßen, da auch Vermögensgegenstände, die zwar rechtlich nicht zum Verkauf freigegeben sind, ein Schuldendeckungspotenzial in sich tragen und dementsprechend aus gläubigerorientierter Sicht des HGB zu berücksichtigen sein sollten.[46] Das DRSC nennt hier beispielsweise eine Software, welche aufgrund ihrer speziellen Beschaffenheit keinen Käufer finden würde und somit nicht als konkret verwertbar einzustufen wäre.[47] Dabei wird auch Stellung bezüglich der Frage bezogen, inwieweit eine ausschließlich interne Nutzung eines Gutes für die Einzelbewertbarkeit ausreichen würde. Zwar legt eine lediglich interne Nutzung die Vermutung nahe, dass durch das Gut einzig und allein Auswirkungen auf den Geschäfts- oder Firmenwert vorlägen, jedoch ließe sich dem entgegenhalten, dass eine auf Unternehmensinterna beschränkte Nutzung kein Ausschlusskriterium für die Einzelverwertbarkeit darstelle. Die abstrakte Verwertbarkeit der einzelnen Güter weiß diese Frage dahingehend zu beantworten, dass Güter mit lediglich interner Nutzung zwar keinen externen Nutzen stiften und daher extern

[43] Vgl. *Mujkanovic*, StuB 14/2015, 523 (523); DRS 24.20.; *Marx*, StuB 16/2016, 607 (607).

[44] Vgl. *Mujkanovic*, StuB 14/2015, 523 (523).

[45] Vgl. *Baetge/Kirsch/Thiele*, Bilanzen (2010), 157; *Gersbacher/Volz*, BC 2/2017, 66 (67).

[46] Vgl. *Adler/Düring/Schmaltz*, Rechnungslegung und Prüfung, § 246, Rn. 19.

[47] Vgl. DRS 24.B4.

keine Nachfrage generieren, jedoch aufgrund ihrer theoretischen Absetzbarkeit trotzdem als Vermögensgegenstände anzusetzen sind.[48] Es ist folglich festzuhalten, dass durch die Wahl der abstrakten Einzelverwertbarkeit einer größeren Palette von immateriellen Gütern die Möglichkeit zum Ansatz geboten wird. Im Rahmen der Kaufpreisallokation bei Unternehmenserwerb ist es so demnach möglich einer erweiterten Anzahl von Gütern einen vom Geschäfts- oder Firmenwert getrennten Ansatz zu ermöglichen, was insbesondere den Informationsgehalt stärkt und eine präzisere Verteilung des Unternehmenskaufpreises ermöglicht.

Ebenfalls im Gläubigerschutz begründet ist die in DRS 24.21 festgeschriebene Voraussetzung, dass ein Vermögensgegenstand vom Unternehmen losgelöst verwertbar sein muss. Folgerichtig müssen die Gegenstände getrennt vom Geschäfts- oder Firmenwert dargestellt werden können. Dieser kann im hier genannten, konkreten Zusammenhang als Sammel- und Restposten für die nicht ansatzfähigen Güter verstanden werden.[49] Das erscheint einleuchtend, da der Begriff der Einzelverwertbarkeit ansonsten irreführend wäre. Diesem Gedanken folgend, wirkt jedoch das Zugeständnis in DRS 24.22 fragwürdig, nach welchem ein Gut auch vom Unternehmen trennbar verstanden werden kann, wenn es nur in Kombination mit anderen Vermögensgegenständen des Unternehmens sinnvoll veräußerlich ist. Dementsprechend wird dadurch die Bedeutung der geforderten isolierten Verwertbarkeit eingeschränkt.[50] Hier stellt sich jedoch die Frage, weshalb sich das DRSC plötzlich gegen den von ihm viel zitierten Grundsatz der Einzelverwertbarkeit entscheidet und seine Ansatzkriterien aufweicht. Dabei scheint sich DRS 24, wie in mehreren Fällen, an den IAS-Texten, konkret an IAS 38.12, anzulehnen, bei welchem auch ein Vermögenswert[51] vorliegt, solange das Gut in Kombination mit anderen Werten sinnvoll erscheint. Als besonders schwierig stellt sich dann aber auch die Frage, wo die Grenze zwischen der Einzelverwertbarkeit und dem Ansatz im Geschäfts- oder Firmenwert zu setzen ist, da so andere, möglicherweise unternehmensspezifische, Gegebenheiten oder Güter vorhanden sein müssen, um eine sinnvolle Verwertung zu gewährleisten. Dieser Gegebenheit folgend, würde sich ein Für- oder Widerspruch der

[48] Vgl. *Gelhausen/Fey/Kämpfer,* Rechnungslegung nach BilMoG, § 248, Rn. 60 f.

[49] Vgl. DRS 24.B15; *Hennrichs*, DB 11/2008, 537 (538).

[50] Vgl. *Landgraf/Herrmann/Heßdörfer*, PiR 10/2018, 285 (286).

[51] Nach IAS/IFRS, geregelt in IASB Rahmenkonzept 49, nicht zu verwechseln mit den „Vermögensgegenständen" nach HGB.

Vermögensgegenstandseigenschaften als schwierig darstellen, insbesondere da sich auch der DRS 24 nicht näher zur der kombinierten Verwertbarkeit zu äußern vermag.[52]

Werden die DRS-Regelungen vergleichend mit den IAS-Bestimmungen betrachtet, so zeigt sich, dass das vom IAS geforderte Kriterium der Separierbarkeit nur unwesentliche Unterschiede zum nach HGB dargestellten Einzelverwertbarkeitserfordernis aufweist, besonders seit dieses, wie dargestellt, vom DRSC erweitert wurde.[53] Der unverkennbaren Orientierung an den internationalen Vorschriften folgend, stellt sich dann jedoch die Frage, weshalb im DRS 24 nicht auch folglich die nach IFRS und IAS zweite Identifizierungsmöglichkeit für Vermögenswerte in Form des Contractual-Legal-Kriteriums verankert worden ist. So sind grundsätzlich, dementsprechend auch im Falle eines Unternehmenszusammenschlusses, ebenfalls solche „assets"[54] anzusetzen, die sich zwar nicht aufgrund einer vom Unternehmen separierten Möglichkeit zur Verwertung als Vermögenswert darstellen, jedoch aufgrund rechtlicher oder gesetzlicher Bestimmungen einen zukünftigen Nutzenzufluss für das Unternehmen zusichern. In diesem Fall wäre die ansonsten geforderte Separierbarkeit vom Unternehmen aufgrund der rechtlichen Begründetheit zu vernachlässigen.[55]

Diese gesonderte Ansatzmöglichkeit hätte es so ermöglicht den Kreis der ansatzfähigen Güter um zusätzliche immaterielle Werte zu erweitern. So sind beispielsweise billige Leasingverträge, vertragsbedingte Auftragsbestände und Kundenbeziehungen oder sogar günstige Arbeitsverträge dank dem Contractual-Legal Kriterium nach internationaler Rechnungslegung eindeutig losgelöst vom Geschäfts- oder Firmenwert als immaterielle Vermögenswerte ansetzbar.[56]

Es zeigt sich, dass die Ansatzvoraussetzungen nach IFRS großzügiger gefasst sind als die nach HGB und IFRS. Findet eine Betrachtung beschränkt auf den Informationsgehalt der beiden Abschlüsse statt, so stellen die IFRS-Regelungen diesbezüglich die bessere Alternative dar.[57]

Grundsätzlich lässt sich festhalten, dass die Regelungen des IASB einem größeren Spektrum von immateriellen Gütern die Chance des Ansatzes ermöglichen, verglichen mit den

---

[52] Vgl. *Mujkanovic*, StuB 14/2015, 523 (523 f.); *Mujkanovic*, StuB 7/2016, 247 (247).

[53] Vgl. *Hommel/Benkel/Wich*, BB 2004, 1267 (1629).

[54] Englischer Begriff für „Vermögenswert" nach IAS/IFRS; Vgl. *Buchholz*, Internationale Rechnungslegung, 54 ff.

[55] Vgl. IAS 38.12; FRS 3.46; *Hommel/Benkel/Wich,* BB 23/2004, 1267 (1269); *Hennrichs*, DB 11/2008, 537 (539).

[56] Vgl. *Hennrichs*, DB 11/2008, 537 (539).

[57] Vgl. Ebenda, 540.

Kriterien, welche das HGB für Vermögensgegenstände betitelt. So waren auch für den Wert eines Unternehmens wichtige Faktoren wie Kundenstämme, unternehmensindividuelle Websites, Nutzungsrechte oder auch Mitarbeiterfähigkeiten nach internationaler Rechnungslegung im Gegensatz zu den nationalen Vorschriften zweifelsfrei ansetzbar, deren Aktivierung nach HGB-Bestimmungen weiterhin Fragen aufwerfen.[58]

Die strikteren Regelungen in den deutschen Rechnungslegungsvorschriften lassen sich vor allem am Gläubigerschutz und dem aus ihm folgenden Vorsichtsprinzip festmachen, welche zentrale Rollen bei der Abschlusserstellung nach HGB spielen.[59] Demzufolge wird nach internationalen Regelungen im Rahmen von Unternehmenskäufen häufig ein verbessertes Bild hinsichtlich der Kaufpreisverteilung ermöglicht. Nach dem Gläubigerschutzprinzip scheint es jedoch sinnvoll, striktere Ansatzkriterien anzuwenden als in IAS und IFRS, da beispielsweise günstige Arbeitsverträge nur schwerlich zu einer möglichen Schuldendeckung beitragen könnten.[60] Trotzdem versteht das DRSC es durch die Erweiterungen der Vermögensgegenstandseigenschaften, den Rahmen für das Bestehen eines Vermögensgegenstands nicht zu eng zu setzen, was im Hinblick auf Unternehmenskäufe sinnvoll erscheint, um so Voraussetzungen zu schaffen, die einer zu aufgeblasenen Darstellung des Geschäfts- oder Firmenwerts entgegenwirken, wie sie bei deutschen Konzernen häufig kritisiert wird.[61]

Für die Konzernrechnungslegung besonders kritisch müssen die Ausführungen des DRS 24.19 gesehen werden. Diese konkretisieren den Kreis der dritten, gegenüber welchen ein Gut verwertbar sein muss. Zu diesen Dritten sollen dabei auch Gemeinschaftsunternehmen, nicht vollkonsolidierte Tochterunternehmen, assoziierte Unternehmen, sowie Beteiligungsunternehmen gehören.[62] Im DRS 24 selbst wird der umstrittene Sachverhalt dargestellt, in welchem eines der aufgeführten, „dritten" Unternehmen ein immaterielles Gut an ein vollkonsolidiertes veräußert.[63] Dass diese Geschäfte wie solche mit sonstigen Unternehmen interpretiert werden, zu denen keinerlei Beziehungen bestehen, erscheint auf der Jahresabschlussebene durchaus als sinnvoll, da dort grundsätzlich alle Geschäfte auf diese Weise betrachtet werden. Ebenfalls sei erwähnt, dass die erwähnten

---

[58] Vgl. *Hennrichs*, DB 11/2008, 537 (539).

[59] Vgl. *Busse von Colbe et al.*, Konzernabschlüsse, 248.

[60] Vgl. DRS 24.15.

[61] Vgl. *Cappel/Hartmann*, KoR 5/2018, 230 (241).

[62] Vgl. Eckert, DB 39/2016, 2265 (2265).

[63] Vgl. DRS 24.B24.

Unternehmen auch im engen Sinne nicht zum Konsolidierungskreis eines Konzerns gehören.[64] Nichtsdestotrotz kann bei Gemeinschaftsunternehmen eine anteilsmäßige Konsolidierung durchzuführen sein.[65] Auch ist es bei Gemeinschaftsunternehmen, welche nach der Equity-Methode erfasst werden, sowie bei assoziierten Unternehmen erforderlich, dass eine Zwischenergebniseliminierung durchgeführt wird.[66] Es zeigt sich, dass der Nichteinbezug angesprochener Unternehmen in den Konsolidierungskreis auf der Konsolidierungsebene nicht vollständig widergespiegelt wird. Damit werden Gemeinschaftsunternehmen und assoziierte Unternehmen ihrer Rolle als sogenannte Dritte im Hinblick auf den Einheitsgrundsatz nicht gerecht. So wäre bei Kauf eines immateriellen Anlagegegenstands dieser als von Dritten zu werten, jedoch wäre er darauffolgend im Hinblick auf den Einheitsgrundsatz durch die Zwischenergebniseliminierung wieder zu beseitigen. Dieses Vorgehen würde sich jeglicher Logik entziehen und kann auch durch das in DRS 24.B24 angebrachte Argument der Objektivierung nicht gerechtfertigt werden.[67]

Beispiel 2:
Mutterunternehmen MU übt einen maßgeblichen Einfluss auf das nicht konsolidierte Tochterunternehmen TU2 aus, wodurch dieses nach der Equity-Methode im Abschluss des Konzerns abgebildet wird. Gleichzeitig wird das Tochterunternehmen TU1 von MU voll konsolidiert. TU1 erwirbt nun von TU2 eine bisher nicht bilanzierte Rezeptur, was DRS 24 zufolge im Konzernabschluss von MU einen entgeltlichen Erwerb darstellt. Dies ist jedoch widersprüchlich zur auf diesen Sachverhalt folgenden Zwischenergebniseliminierung, welche aufgrund des Einheitsgrundsatzes notwendig ist.[68]

Grundsätzlich muss bei assoziierten Unternehmen, Gemeinschaftsunternehmen und Beteiligungsunternehmen in Frage gestellt werden, ob in diesem Falle eine Objektivierung gegeben wäre, da die, unabhängig vom Einbezug in den Konsolidierungskreis, bestehenden Beziehungen eine objektive Bewertung der transferierten immateriellen Güter nur schwerlich ermöglichen dürften. So wird häufig bemängelt, dass in diesen Konstellationen weder ein objektiver Markt vorhanden ist, noch eine objektive Preisbildung

[64] Vgl. *Mujkanovic*, StuB 14/2015, 523 (525 f.); *Busse von Colbe et al.*, Konzernabschlüsse, 59 f.

[65] Vgl. § 310 II HGB.

[66] Vgl. § 312 V S.4 HGB.

[67] Vgl. *Mujkanovic*, StuB 14/2015, 523 (525 f.).

[68] Vgl. Ebenda, 525 f.

stattfindet, welche notwendig wären. So verliert auch in diesem Zusammenhang das Argument der Objektivierung seine Bedeutung.[69]

Auch stellt sich DRS 24.19 deswegen für den Konzernabschluss als problematisch dar, da die unentgeltliche Einbringung immaterieller Vermögensgegenstände als Erwerb zu deuten ist und demzufolge so die Vermögens- und Ertragslage, insbesondere das Eigenkapital, des Konzerns durch Geschäfte mit beeinflussbaren Unternehmen verändert werden kann.[70] Für eine konkretere Auseinandersetzung zur Problematik des unentgeltlichen Erwerbs immaterieller Vermögensgegenstände sei dabei auf die später in dieser Arbeit stattfindende, nähere Betrachtung des DRS 24.41 verwiesen.

Ist die Frage beantwortet, ob es sich bei dem vorliegenden Gut um einen Vermögensgegenstand handelt, schließt sich sogleich das Problem der Zuordnung zu materiellem oder immateriellem Vermögen an. Letzteres zeichnet sich dabei dadurch aus, dass es nicht finanzieller Art und ohne physische Substanz ist.[71]

Liegt ein Gut vor, welches sowohl aus einer materiellen, als auch einer immateriellen Komponente zusammengesetzt ist, so sind für diese jeweils separat die Ansatzvoraussetzungen zu prüfen. Erfüllen beide Komponenten die Voraussetzungen, sind sie als eigenständige Vermögensgegenstände in die Bilanz aufzunehmen.[72]

Ist eine Trennung nicht verlässlich möglich, wird der Vermögensgegenstand entsprechend seiner Hauptkomponente zugeordnet. Hier ist das wirtschaftliche Interesse des Unternehmens ausschlaggebend, was auch sinnvoll erscheint, da verschiedene Unternehmen gleichartige Vermögensgegenstände aufgrund verschiedener Charakterzüge besitzen.[73] Hier wird sowohl der Ansicht des BFH Folge geleistet, nach welcher beispielsweise die Steuerungssoftware einer Maschine Teil des materiellen Vermögensgegenstands sein soll[74], als auch den Regelungen des IAS 38[75], was hinsichtlich deckungsgleicher Auslegungen zu begrüßen ist.[76]

---

[69] Vgl. *Eckert*, DB 39/2016, 2265 (2265 f.).

[70] Vgl. *Althoff*, BB 2016, 2027 (2029); DRS 24.41.

[71] Vgl. DRS 24.8.

[72] Vgl. *Wulf/Lange/Niemöller*, BB 2015, 1835 (1836); DRS 24.9.

[73] Vgl. Vgl. *Schmidt/Usinger*, in: Grottel/Schmidt/Schubert/Winkeljohann (Hrsg.), Bilanz-Kommentar, § 248, Rn. 10; *Baetge/Kirsch/Thiele,* Bilanzen (2014), 246; DRS 24.11 ff.

[74] Vgl. BFH vom 02. Juni 2014, III B 7/14, in: BFH/NV 2014, Rn. 16.

[75] Vgl. IAS 38.4.

[76] Vgl. *Theile*, BBK 11/2015, 522 (523).

Nachdem nun die Frage nach dem Vorliegen eines immateriellen Vermögensgegenstandes beantwortet wurde, muss nun geklärt werden, wie dieser anzusetzen ist. Um hier eine Aussage treffen zu können, ist es zu allererst eine Zuordnung zum Anlage- oder Umlaufvermögen von Nöten.

II. Ansatzregelungen

Die Notwendigkeit einer Unterscheidung von immateriellen Vermögensgegenständen des Anlagevermögens, sowie des Umlaufvermögens ergibt sich aus DRS 24.15, nach welchem die im Umlaufvermögen erfassten Werte, unabhängig der Art und Weise ihres Zugangs, ansatzpflichtig sind. Währenddessen gestaltet sich der Ansatz von immateriellen Vermögensgegenständen des Anlagevermögens als schwieriger, da dies abhängig ist von Art und Zugang der jeweiligen Güter.[77]

Während sich der Begriff des Anlagevermögens dabei an der bereits bestehenden Definition des HGB[78] orientiert und einen dauernden Nutzen für den Geschäftsbetrieb voraussetzt, schafft das DRSC eine eigene Definition für das Umlaufvermögen.[79] Dabei soll das Umlaufvermögen sämtliche Vermögensgegenstände erfassen, welche aufgrund einer kurzfristigen Dienlichkeit für das bilanzierende Unternehmen nicht dem Anlagevermögen zugeschrieben werden können. Die zusätzliche Erwähnung, dass die Vermögensgegenstände nicht den Rechnungsabgrenzungsposten, den aktiven latenten Steuern oder dem aktiven Unterschiedsbetrag aus der Vermögensverrechnung zuzuordnen sind, erscheint dabei als unnötig, da es sich bei genannten Posten nicht um Vermögensgegenstände handelt.[80] Sind Definitionsversuche von bis dahin nicht festgesetzten Begriffen zwar grundsätzlich zu begrüßen, um so unnötig großen Interpretationsspielräumen vorzubeugen, so ist der Versuch des DRSC in Bezug auf das Umlaufvermögen jedoch mehr als nur simpel gehalten. So dass hier die Frage gestellt werden muss, ob es dieser Definition überhaupt bedurfte, wenn es sich beim Umlaufvermögen um ein Sammelbecken für Vermögensgegenstände handelt, für welche die Zugehörigkeit zum Anlagevermögen verneint werden muss.

---

[77] Vgl. *Rade/Richwien,* Lucanet Whitepaper, 5.

[78] Vgl. § 247 II HGB.

[79] Vgl. DRS 24.8; DRS 24.B18; *Mujkanovic*, StuB 14/2015, 523 (525 f.).

[80] Vgl. DRS 24.B18.

Als entscheidende Kriterien bezüglich der Zuordnung zu den Vermögensarten werden dabei der betriebliche Zweck und die Dauerhaftigkeit der Nutzung herausgestellt.[81] Als besonders positiv ist dabei herauszustellen, dass eine Mindestdauer von zwölf Monaten zwar als Hinweis erachtet wird, jedoch keine zwanghafte Untergrenze bildet.[82]
Es wird festgehalten, dass eine Zuordnung zum Anlagevermögen dann zutreffend ist, wenn der immaterielle Vermögensgegenstand mehrfach genutzt werden kann.[83] Gleichsam sind bei der Zweckbestimmung auch unternehmensindividuelle Gegebenheiten zu berücksichtigen und nicht nur objektive Faktoren ins Kalkül einzubeziehen.[84]
Die genannten Faktoren sind dabei jeweils am Bilanzstichtag zu überprüfen.[85] Im Rahmen von Unternehmenszusammenschlüssen kann es daher durch veränderte Rahmenbedingungen für das Unternehmen, sowie durch veränderte Nutzungsabsichten aufgrund von nun verbesserten Handlungsoptionen immer wieder zu Umschichtungen von immateriellen Vermögensgegenständen vom Umlaufvermögen in das Anlagevermögen und umgekehrt kommen, wonach die Ansatzvorschriften nach DRS 24.15 neu anzuwenden wären. Hier wäre eine Leitlinie für die Ausübung des Ansatzwahlrechtes wünschenswert gewesen.

Wurde eine Entscheidung getroffen, ob der immaterielle Vermögensposten dem Anlage- oder Umlaufvermögen zuzuordnen ist, zeigt sich, dass der Ansatz des kurzfristigen immateriellen Vermögens sich als einfach darstellt, da diese Vermögensgegenstände stets einer Ansatzpflicht unterliegen und für gewöhnlich in der Bilanz gemäß § 266 II HGB im Posten „Vorräte“, oder geringfügig auch unter „sonstige Vermögensgegenstände“ auszuweisen sind.[86]
Anders stellt sich dies im Falle von immateriellen Vermögensgegenständen des Anlagevermögens dar. Hier muss eine erneute Konkretisierung in Hinblick auf die Zugangsart des Vermögens erfolgen. Ist der Vermögensgegenstand erworben, so ist sein Ansatz[87] verpflichtend. Liegt jedoch ein selbstgeschaffener Vermögensgegenstand des Anlagevermögens vor, so besteht grundsätzlich das Wahlrecht, ob ein Ansatz erfolgen soll oder

[81] Vgl. DRS 24.23 ff.; *Rade/Richwien,* Lucanet Whitepaper, 5.

[82] Vgl. *Mujkanovic*, StuB 14/2015, 523 (525 f.).

[83] Vgl. DRS 24.25.

[84] Vgl. DRS 24.B20.

[85] Vgl. DRS 24.B22.

[86] Vgl. DRS 24.132.

[87] Gemäß § 266 II HGB im Posten „Entgeltlich erworbene Konzessionen, gewerbliche Schutzrechte und ähnliche Rechte und Werte sowie Lizenzen an solchen Rechten und Werten“; Vgl. DRS 24.122.

nicht. Ausnahmen dabei bilden jedoch nach § 248 II S.2 HGB selbsterschaffene Marken, Drucktitel, Verlagsrechte, Kundenlisten, sowie vergleichbare immaterielle Vermögensgegenstände.[88]
Im Folgenden wird sich diese Arbeit, wenn nicht ausdrücklich anders formuliert, mit immateriellen Vermögensgegenständen des Anlagevermögens befassen.

Folgerichtig beleuchtet der DRS 24 nun die Differenzierung zwischen selbst geschaffenen und erworbenen immateriellen Vermögensgegenständen.
Hinsichtlich des Erwerbs muss, wie in DRS 24.8 näher definiert, ein Vermögensgegenstand von einem dritten, zu welchen, wie bereits vorher näher dargestellt, auch die nicht voll konsolidierte Unternehmen zählen, auf das bilanzierende Unternehmen übergehen.[89] Für die Praxis als positiv ist zu erachten, dass von einem Erwerb ausgegangen werden kann, unabhängig davon, ob der immaterielle Vermögensgegenstand schon vor der eigentlichen Übereignung bestand. Dies ermöglicht so einer größeren Anzahl von immateriellen Gütern einen bilanziellen Ansatz. Würde andernfalls bei einem Übergang von bis dato nicht angesetzten immateriellen Gegenständen von einer Selbsterstellung ausgegangen werden, müsste hier ein Ansatz aufgrund fehlendem Herstellrisiko des bilanzierenden Unternehmens verneint werden.[90]

Beispiel 3:
Das MU erwirbt von einem konzernfremden Unternehmen eine Lizenz zur Nutzung einer von diesem Unternehmen geschaffenen Verfahrenstechnik. Zwar ist diese Technik bei dem konzernfremden Unternehmen zu bilanzieren, jedoch nicht zusätzlich das Nutzungsrecht an diesem Vermögensgegenstand. Dementsprechend entsteht das Nutzungsrecht an der Verfahrenstechnik erst im Rahmen der Transaktion beider Unternehmen. Dank der Klarstellung des DRS 24.26 ist der Ansatz des Nutzungsrechts beim MU trotzdem gegeben.[91]

Es zeigt sich, dass dank dieser Regelung die Ansatzpflicht gegenüber einem möglichen Ansatzverbot bevorzugt wurde, was zu begrüßen ist, da die Informationsfunktion des

---

[88] Vgl. DRS 24.15; DRS 24.B23; *Wulf/Lange/Niemöller*, BB 2015, 1835 (1836); *Baumbach/Hopt*, HGB-Kommentar, § 248, Rn. 3.

[89] Vgl. DRS 24.26; DRS 24.B24.

[90] Vgl. DRS 24.26; DRS 24.B26.

[91] Vgl. DRS 24.26.

Abschlusses gestärkt wird. Dies gilt dabei insbesondere in Branchen wie der Pharmazie, in denen Sachverhalte wie Lizenzvergaben häufig Anwendung finden.[92]

Auch die Konzentration auf das wirtschaftliche Eigentum, nicht auf sein rechtliches Pendant, ist im Hinblick auf die Konzernrechnungslegung zu begrüßen, da auch im Konzernabschluss lediglich solche Gegenstände abgebildet werden dürfen, über die aus wirtschaftlicher Sicht verfügt werden kann. Gleiches ist auch im Handelsgesetzbuch nach § 246 I S.2 festgeschrieben.[93]

Eine weitere verpasste Chance zur Klarstellung zeigt sich dagegen in einer nicht vorhandenen, klaren Trennung zwischen dem Erwerb und dem Dauerschuldverhältnis.[94] Letzteres zeichnet sich dadurch aus, dass die durch ein Vertragsverhältnis festgeschriebene Leistung dauerhaft ist oder sich als über einen längeren Zeitraum festgesetzte, wiederkehrende Leistung widerspiegelt.[95]

Gerade im Falle von Lizenzen stellt sich die vertragstypologische Einordnung als schwierig dar, ob es sich nun um einen Erwerb handelt oder um eine dauerschuldähnliches Konstrukt.[96] So kann eine Lizenz als kaufrechtlicher Vertrag aufgefasst werden, da durch diesen umfangreiche Ausschlussbefugnisse eingeräumt werden. Besonders im Falle von Software-Überlassungen, wo der Wille des Lizenzabschlusses auf eine dauerhafte Überlassung gerichtet ist, wird auch nach dem Patentrecht[97], sowie dem Urheberrecht[98], der Lizenzvertrag als Kaufvertrag angesehen.[99] Nichtsdestotrotz, spricht für die Einstufung als Dauerschuldverhältnis, dass der Lizenznehmer während der Laufzeit das wiederkehrende Recht der Nutzung des Lizenzgegenstands hat. So wird dem Lizenzvertrag ein pachtähnlicher Charakter eingeräumt und folglich beispielsweise in der Insolvenzordnung[100] als Dauerschuldverhältnis eingestuft.[101]

---

[92] Vgl. *Hoffmann*, StuB 07/2016, 245 (245); DRS 24.26; DRS 24.B26.

[93] Vgl. DRS 24.B25; *Ewelt-Knauer*, Konzernabschluss, 117.

[94] Vgl. *Mujkanovic*, StuB 7/2016, 247 (249 f.).

[95] Vgl. *Alisch/Arentzen/Eckert*, Gabler Wirtschaftslexikon, 653 f.; *Strenkert*, Die Beendigung des Lizenzvertrags, 28 f.

[96] Vgl. *Pahlow*, in: Ekey/Bender/Fuchs-Wissemann (Hrsg.), Markenrecht, § 30, Rn. 20 f.

[97] Vgl. *Nirk*, GRUR 7/1970, 329 (329 ff.).

[98] Vgl. *Scholz*, in: Mestmäcker/Schulze (Hrsg.), Urheberrechts-Kommentar, § 31, Rn. 87.

[99] Vgl. *Peters*, Geistiges Eigentum, 91; *Strenkert*, Die Beendigung des Lizenzvertrags, 36.

[100] Vgl. § 103 InsO; *Andres*, in: Andres/Leithaus (Hrsg.), Insolvenzordnung, § 103, Rn. 8.

[101] Vgl. *Strenkert*, Die Beendigung des Lizenzvertrags, 28f; *Pahlow*, in: Ekey/Bender/Fuchs-Wissemann (Hrsg.), Markenrecht, § 30, Rn. 20 f.

Anderweitig standen auch miet- oder pachtähnliche Ausgestaltungen zur Debatte, wurden jedoch wieder verworfen.[102] Nichtsdestotrotz zeigt sich, dass die Abbildung solcher Gegebenheiten nur schwerlich einzuordnen ist. Scheint im Falle einer jährlich verlängerbaren Softwarelizenz noch vieles für ein Dauerschuldverhältnis zu sprechen, erscheint eine Entscheidung im Falle eines auf viele Jahre abgegrenztes Nutzungsrecht schon als wesentlich schwieriger einzustufen. Hier muss grundsätzlich die Frage gestellt werden, ob trotz einer vermeintlichen abstrakten Verwertbarkeit in diesem Falle ein immaterieller Vermögensgegenstand angesetzt werden darf oder der Ansatz ausbleibt, da das auf einem Dauerschuldverhältnis beruhende Nutzungsrecht nicht bilanzierbar ist. Weil hier Kriterien, wie wiederkehrende oder einmalige Zahlungen zu keinen sicheren Entscheidungen führen können, wäre eine Grenzlinie zwischen zu aktivierenden Vermögensgegenstand und Dauerschuldverhältnis vom DRSC wünschenswert gewesen. Auch die Verwendung eines an IFRS 16 orientierten „Right of use"-Konzepts[103] wäre denkbar gewesen, blieb aber ebenfalls aus, wodurch der Gesetzgeber den nach HGB bilanzierenden Unternehmen weiterhin eine zweifelsfreie Abgrenzung dieser zwei Begriffe schuldig bleibt.[104]

Während zwischen Dauerschuldverhältnis und Erwerb keine deutliche Trennlinie geschaffen worden ist, wird zwischen Selbsterstellung und Erwerb das Kriterium des bei der Herstellung des immateriellen Vermögensgegenstands bestehenden Risikos als zentrale Entscheidungsgrundlage erachtet.[105]

Ist dabei das Risiko während der Herstellung und Entwicklung beim bilanzierenden Unternehmen aufzufinden, so wird im Allgemeinen von einer Selbsterstellung ausgegangen. Dementsprechend wird von einem Erwerb gesprochen, wenn das Risiko während des Erstellungsprozesses bei einem dritten Unternehmen zu finden ist.[106]

Erwirbt ein Unternehmen einen immateriellen Vermögensgegenstand von einem anderen verbundenen Konzernunternehmen, so ist in diesem Falle von einer Selbsterstellung auszugehen, infolgedessen ein Ansatzwahlrecht besteht, soweit nicht nach § 248 II S.2 HGB ausgeschlossen.[107]

---

[102] Vgl. *Strenkert*, Die Beendigung des Lizenzvertrags, 29.

[103] Danach ist nicht mehr das wirtschaftliche Eigentum an dem Vermögensgegenstand entscheidend. Stattdessen wird das Recht zur Nutzung bilanziert und gleichzeitig eine korrespondierende Zahlungspflicht als Verbindlichkeit erfasst; Vgl. *Pellens/Fülbier/Gassen/Sellhorn*, Internationale Rechnungslegung, 757.

[104] Vgl. *Mujkanovic*, StuB 7/2016, 247 (249f); *Mujkanovic*, StuB 14/2015, 523 (528); *Herzig*, in: Matschke/Schildbach (Hrsg.), Unternehmensberatung, 223 (229).

[105] Vgl. DRS 24.27; *Mujkanovic*, 2/2018, 49 (50).

[106] Vgl. DRS 24.27.

[107] Vgl. *Wysocki*, Konzernabschluss, 68; DRS 24.15.

In der Praxis oft schwierig stellt sich die Abgrenzung hinsichtlich des Risikos jedoch bei Gegebenheiten wie der Entstehung einer individualisierten Ausführung einer Standardsoftware dar, wenn dabei ein drittes Unternehmen für die Entstehung einbezogen wird. Hier ist nur schwierig darauf abzustellen, bei wem der entscheidende Hauptteil des Risikos lag.[108]

Eine Hilfe bietet dabei DRS dadurch, dass er im Zweifelsfalle die Ausgestaltung des Vertrages mit dem konzernfremden Dritten als entscheidendes Merkmal für die Kategorisierung darlegt. So ist im Falle eines Dienstvertrages[109] davon auszugehen, dass lediglich die Bemühungen des angestellten Unternehmens zur Herstellung im Mittelpunkt stehen, wodurch das Risiko beim bilanzierenden Unternehmen verbleibt, was für eine Selbsterstellung des immateriellen Guts spricht. Gleichzeitig wird im Rahmen eines Werkvertrages[110] davon ausgegangen, dass die Schaffung des Vermögensgegenstands als solches der entscheidende Grund zur Bestellung des Unternehmens ist, wodurch das Hauptrisiko bei ihm zu suchen ist, wonach der Vermögensgegenstand einzustufen wäre.[111] Diese Meinung teilt auch der IDW in seinem auf Software spezialisierten Standard IDW RS HFA 11.[112]

Anhand dieser Ausführungen zeigt sich im Hinblick auf die Praxis, dass mit Hilfe geschickter Vertragsausgestaltungen mit anderen Unternehmen die Ansatzmöglichkeiten immaterieller Vermögensgegenstände beeinflusst werden können.

Die Erläuterungen machen deutlich, dass die Verteilung des Risikos beim Erstellungsprozess von elementarer Bedeutung für die Einstufung des immateriellen Vermögens ist. Zwar lässt ein beim bilanzierenden Unternehmen vorliegendes Risiko vieles für eine Selbsterstellung sprechen, jedoch kann hier auch die Vermutung gestellt werden, dass es sich um eine Arbeitnehmerdiensterfindung handeln könnte. Da diese Frage auch in der Literatur als sehr umstritten gilt, ist als positiv zu erachten, dass sich das DRSC diesem schwierigen Thema annimmt.[113]

So wird dabei festgehalten, dass Erfindungen, welche ein beschäftigter Arbeitnehmer im Rahmen seiner regulären Tätigkeit im Unternehmen macht, als selbst geschaffene

---

[108] Vgl. *Roos*, BBK 8/2018, 381 (382 f.).

[109] Vgl. §§ 611 ff. BGB.

[110] Vgl. §§ 631 ff. BGB.

[111] Vgl. DRS 24.28; DRS 24.B27; *Mujkanovic*, StuB 2/2018, 49 (51); *Eckert*, DB 39/2016, 2265 (2265).

[112] Vgl. IDW RS HFA 11, Rn. 9ff; *Mujkanovic*, StuB 2/2018, 49 (51)

[113] Vgl. *Kaufmann/Oser*, DB 10/2017, 497 (497).

immaterielle Vermögensgegenstände zu bewerten und, gegebenenfalls, anzusetzen sind, da das Hauptrisiko beim Unternehmen verbleibt.[114]

Grundsätzlich muss dabei festgehalten werden, dass hier nicht die Diensterfindung als solche aktiviert wird, sondern der aus ihr resultierende immaterielle Vermögensgegenstand.[115] Kritischer Weise muss angeführt werden, dass das DRSC hier die häufig vertretene Meinung[116] übergeht, dass die Inanspruchnahme der Diensterfindung einen kaufähnlichen Vorgang darstellt, wonach nicht von einer eigenen Erstellung des Vermögensgegenstands auszugehen wäre. So erwirbt der Arbeitnehmer nach § 9 ArbnErfG einen Anspruch auf eine angemessene Vergütung der überlassenen Vermögenswerte.[117] Hier könnte von einem direkten, gegeneinander abgewogenen Zusammenhang von Erfindung und Vergütung, also Leistung und Gegenleistung, ausgegangen werden, was für einen Erwerb sprechen würde.[118] Würde folglich auf einen Erwerbsvorgang geschlossen werden, wäre hier eine Ansatzpflicht nach DRS 24 gegeben.[119]

Gegen die Auffassung eines kaufähnlichen Vorgangs spricht jedoch, dass der Arbeitgeber in diesem Falle keine notwendige Rechtsposition innehat.[120] Ähnlich der Auffassungen des DRS 24 urteilte auch der Bundesfinanzhof, dass jene Partei als Hersteller zu identifizieren ist, welche den Hauptteil des Herstellungsrisikos trägt.[121] Hier ist vor allem auf das Kostenrisiko des Arbeitgebers, welcher sämtliche Ressourcen und die Betriebsstrukturen bei der Entwicklung des Vermögensgegenstands stellt, zu verweisen, sowie die Weisungsgebundenheit des Arbeitnehmers. Daher erscheint die Einstufung im DRS 24.29 angebracht.[122]

Dass sich das DRSC hier trotz aller Diskussionen gegen einen Anschaffungsvorgang ausgesprochen hat, ist bilanzpolitisch auch daher als positiv zu erachten, da im Falle eines Erwerbs ansonsten nicht nur die Erfindungsvergütungen als solche anzusetzen wären, sondern gleichzeitig auch alle damit in direkter Verbindung stehenden Anschaffungsnebenkosten als nachträgliche Kosten des Erwerbs ansatzpflichtig sein müssten.

---

[114] Vgl. DRS 24.29; *Lüdenbach*, StuB 22/2017, 866 (866).

[115] Vgl. *Marx*, StuB 16/2016, 607 (608 f.).

[116] Vgl. *Hänsch*, BBK 18/2017, 862 (862 ff.); *Geier*, DStR 22/2017, 1192 (1192 ff.); *Marx*, StuB 16/2016, 607 (607).

[117] Vgl. *Kaufmann/Oser*, DB 10/2017, 497 (497); *Ball/Denecke,* DB 50/2016, 2926 (2927).

[118] Vgl. *Lüdenbach*, StuB 22/2017, 866 (866).

[119] Vgl. DRS 24.15.

[120] Vgl. *Kaufmann/Oser*, DB 10/2017, 497 (497).

[121] Vgl. BFH vom 05. März 1992, IV B 178/90, in: BStBl. II 1992, 725.

[122] Vgl. *Ball/Denecke,* DB 50/2016, 2926 (2928).

Besonders Aufwendungen für Materialien dürften sich hier in bestimmten Entwicklungsabschnitten als äußerst hohe Summen darstellen. Es zeigt sich, dass eine Befürwortung des Erwerbs im Rahmen von Arbeitnehmererfindungen durch den DRS 24 die unternehmerische Forschung und Entwicklung aufgrund viel zu umfangreicher Ansatzpflichten doch wesentlich erschwert hätte.[123]

Wie vorangegangen bereits ersichtlich wurde, kann auch die Veränderung eines immateriellen Vermögensgegenstandes einen Erwerb oder einen Herstellprozess darstellen, es ist jedoch fraglich ob bei jeder Veränderung von einem neuen Vermögensgegenstand auszugehen ist. Der DRS 24 führt diesbezüglich eine Unterscheidung ein in Modifikationen und Wesensänderungen. Die Modifikation stellt eine Erweiterung oder wesentliche Verbesserung[124] des Vermögensgegenstands dar und hat dabei keine Änderung des Ansatzes des bereits betriebsbereiten, immateriellen Vermögensgegenstands zur Folge, während aufgrund einer Wesensänderung stets von einem neuen Vermögensgegenstand auszugehen ist.[125]
Der Umgang mit den Modifikationsaufwendungen, welche gegebenenfalls als nachträgliche Anschaffungs- oder Herstellkosten zu bewerten sind, ist dabei abhängig von der Zugangsart des immateriellen Vermögens. Wurde der Vermögensgegenstand erworben, so sind sämtliche Modifikationskosten zu aktivieren, unabhängig davon, wer das Risiko im Zuge der Modifikation trug. Gilt das immaterielle Vermögen hingegen als selbst geschaffen, sind die Modifikationsaufwendungen entsprechend der Entscheidung des Ansatzwahlrechtes des Vermögensgegenstandes zu behandeln.[126]
Dass sich das DRSC hier an dem Gebot der Ansatzstetigkeit[127] orientiert, ist grundsätzlich zu begrüßen.[128] So erscheint die Lösung, sich am ursprünglichen Ansatz zu orientieren, stringenter als noch der alte Ansatz des IDW bezüglich Software[129], nach welchem der Modifikationsaufwand losgelöst vom ursprünglichen Aufwand betrachtet wurde und stattdessen abhängig vom Risikoträger der Modifikation war. Da dies jedoch nicht vereinbar mit der Gesetzessystematik scheint und sich die Regelung des DRS 24 als

---

123 Vgl. *Ball/Denecke,* DB 50/2016, 2926 (2926).

124 Vgl. § 255 II S.1 HGB.

125 Vgl. DRS 24.31 ff.; DRS 24.8; *Beine/Roß*, WPg 5/2018, 283 (285); *Theile*, BBK 11/2015, 522 (523 f.).

126 Vgl. DRS 24.32 f.; *Wulf/Lange/Niemöller,* BB 2015, 1835 (1836).

127 Vgl. § 246 III HGB.

128 Vgl. *Roos*, BBK 8/2018, 381 (383).

129 Vgl. IDW RS HFA 11 a. F.

stringenter darstellt, war es nur wenig überraschend, dass das IDW hier eine Anpassung an die Vorgaben des DRS 24 vornahm.[130]

In der Praxis schwierig könnte sich in diesem Sachverhalt eine Unterscheidung zwischen Modifikationsaufwendungen und Ausgaben zum Erhalt der Funktionsfähigkeit, wie nach DRS 24.89f. erläutert, darstellen. Soll zum Beispiel eine Software erhalten werden, wird eine Änderung vorgenommen, welche durchaus als Modifikation verstanden werden könnte.[131]

Als besser formuliert zeigt sich da schon DRS 24.36, welcher einer zu ausschweifenden Aktivierungspolitik entgegenwirkt, da im Zweifelsfall zwischen Modifikation und Erhaltungs- und Modernisierungspolitik stets auf letztere zurückzugreifen sei, aufgrund ihrer aufwandswirksamen Darstellung.[132] Grundsätzlich ist die DRS-Behandlung von Modifikationen zu begrüßen, da so eine gesetzmäßig korrekte Darstellung von Verbesserungen gewährleistet wird, welche gleichzeitig ein korrektes Bild der Vermögenslage vermittelt und zudem den Spielraum bilanzpolitischer Gestaltung einengt.[133]

Im Gegensatz zur Modifikation stellt die Wesensänderung eine so markante Veränderung des Vermögensgegenstands dar, dass es zu einer Änderung der Funktion, somit auch der Zweckbestimmung, kommt.[134] Hier ist, wie bereits im Rahmen des Ansatzes des ursprünglichen immateriellen Vermögens, zu untersuchen, wer der Risikoträger dieser umfangreichen Verbesserung des Gegenstands ist. Hält das bilanzierende Unternehmen das Risiko der Wesensänderung, so handelt es sich hier um einen neuen selbsterstellten Vermögensgegenstand, samt seines Aktivierungswahlrechtes nach § 248 II S.1 HGB.[135] Eine Aktivierungspflicht für den neu geschaffenen Vermögensgegenstand ist dementsprechend gegeben, falls das Änderungsrisiko bei einem Dritten lag, wodurch von neu erworbenen Vermögen ausgegangen werden muss.[136]

Kommt es dabei zum Ansatz des immateriellen Vermögens, so ist der Buchwert des untergehenden, ursprünglichen Vermögensgegenstandes in den daraus neu hervorgehenden mit einzubeziehen.[137]

---

[130] Vgl. *Hanke*, BC 4/2018, 164 (167); *Beine/Roß*, WPg 5/2018, 283 (285); *Theile*, BBK 13/2015, 658 (652); IDW RS HFA 11.16 ff.

[131] Vgl. *Hoffmann*, StuB 12/2015, 441 (442).

[132] Vgl. *Wulf/Lange/Niemöller*, BB 2015, 1835 (1836).

[133] Vgl. *Mujkanovic*, StuB 7/2016, 247 (247 f.).

[134] Vgl. DRS 24.8; *Beine/Roß*, WPg 05/2018, 283 (286).

[135] Vgl. DRS 24.37; *Wulf/Lange/Niemöller*, BB 2015, 1835 (1836).

[136] Vgl. DRS 24.38; *Wulf/Lange/Niemöller*, BB 2015, 1835 (1836).

[137] Vgl. *Mujkanovic*, StuB 15/2015, 575 (576).

Während zwar die Aktivierungsregeln bei Modifikation und Wesensänderung zu begrüßen sind und auch beide Definitionen, samt ihren bilanzpolitischen Folgen als durchaus sinnvoll erscheinen, wäre trotzdem eine genauere Abgrenzung beider Begrifflichkeiten voneinander wünschenswert gewesen.[138]

Nachdem nun ausführlich beleuchtet wurde, in welchen Szenarien ein Erwerb vorliegt, wird dessen Begrifflichkeit nun näher beleuchtet. So wird festgehalten, dass die bereits dargestellte Aktivierungspflicht im Falle eines Erwerbs von dritten auch dann gelten solle, wenn der Erwerbsprozess einen unentgeltlichen Charakter habe, unabhängig davon, ob anderweitig eine mögliche Aktivierungsbeschränkung[139] bestünde.[140] Beispiele für entgeltliche Transaktionen sind der Tausch gegen anderweitige Leistungen oder auch die Einbringung gegen eine Gewährung von Gesellschafteranteilen. Zu den unentgeltlichen Erwerbsverfahren zählen wiederum Schenkungen oder auch Sachzuwendungen.[141]
Vor einer genaueren Betrachtung muss auch hier der Mut des DRSC lobend erwähnt werden, einem mitunter recht schwierigen, bis dato unbeantworteten Thema in Form der Einbringung unentgeltlicher immaterieller Vermögensgegenstände Antwort geben zu wollen.[142]
Grundsätzlich erscheint es folgerichtig, in diesen Fällen einen Erwerb anzunehmen, da auch ohne vorherigen Ansatz vom übereignenden Unternehmen kein Herstellrisiko beim neuen wirtschaftlichen Eigentümer zu finden sein wird und nach den Ansatzregelungen des BilMoG, und demzufolge auch nach DRS 24, allein zwischen Erwerb und Anschaffung zu entscheiden ist.[143]
Nichtsdestotrotz gibt es auch Gegenmeinungen hinsichtlich der Aktivierung dieser unentgeltlichen immateriellen Güter. So spricht sich auch das Institut deutscher Wirtschaftsprüfer gegen eine Aktivierungspflicht und stattdessen ein Aktivierungswahlrecht nach § 248 II S.1 HGB für genannte Vermögensgegenstände aus.[144] Auch dort wird wiederum auf andere Literaturmeinungen verwiesen, welche ähnliche Ansichten haben. *Schmidt/Usinger* beispielsweise sprechen sich ebenfalls für die Behandlung unentgeltlich

---

[138] Vgl. *Mujkanovic*, StuB 15/2015, 575 (576).

[139] Vgl. § 248 II S.2 HGB.

[140] Vgl. *Althoff*, BB 34/2016, 2027 (2027).

[141] Vgl. DRS 24.39 ff.

[142] Vgl. *Althoff*, BB 34/2016, 2027 (2027); *Böcking/Gros*, in: Ebenroth/Boujong/Joost/Strohn (Hrsg.), HGB-Kommentar, § 248, Rn. 21.

[143] Vgl. DRS 24.B37; DRS 24.27; *Althoff*, BB 34/2016, 2027 (2027).

[144] Vgl. *Beine/Roß*, WPg 5/2018, 283 (284).

erworbener Vermögensgegenstände als selbsterstelltes Vermögen aus, da es in diesem Fall aufgrund eines fehlenden Gegenwerts an einer nötigen Wertobjektivierung mangele, der für eine erwerbsmäßige Transaktion nötig sei.[145] Dieser Unsicherheit bezüglich des Ansatzes aufgrund einer fehlenden Objektivierung begegnet das BGB folgerichtig mit einer Ausschüttungssperre.[146]

Wie bereits im Hinblick auf die nähere Definition von „Dritten" im Konzernabschluss[147] kurz angerissen, stellt sich die Umgehung der Ausschüttungssperre als Hauptkritikpunkt der nach DRS 24 vorgenommenen Einordnung unentgeltlichen immateriellen Vermögens dar, da hier den nach HGB festgehaltenen Grundsatz der kaufmännischen Vorsicht[148] verletzt.[149]

Während die Bewertung immateriellen Vermögens später noch ausführlich betrachtet werden soll, ist im Hinblick auf die Kritik an DRS 24.39 jedoch an dieser Stelle bereits eine kurze Erläuterung hinsichtlich der wertmäßigen Einstufung unentgeltlicher immaterieller Vermögensgegenstände von Nöten. Die Bewertung dieser Vermögensgegenstände, welche lediglich im Falle eines Unternehmenserwerbs unstrittig zum Zeitwert[150] erfolgt[151], orientiert sich dabei stark an jener des unentgeltlich erworbenen materiellen Vermögens. Zwar ist auch diesbezüglich nicht abschließend festgelegt, wie die Bewertung zu erfolgen hat, jedoch wird davon ausgegangen, dass hier die Grundsätze der Bewertung von Sacheinlagen gegen die Gewährung von Gesellschaftsrechten[152] anzuwenden sind, nach welchen der Wert vom Transaktionszweck des übertragenden Dritten abhängig ist. Infolgedessen ist eine Bewertung von mehr als null Euro[153] nur dann erlaubt, wenn die Zuwendung durch den Dritten aufgrund von bilanziellen Absichten[154] erfolgt. Dementsprechend zeigt sich hier, dass ein Wahlrecht besteht, ob ein Ansatz zum

[145] Vgl. *Schmidt/Usinger,* in: Grottel/Schmidt/Schubert/Winkeljohann (Hrsg.), Bilanz-Kommentar, § 248, Rn. 13; *Böcking/Gros*, in: Ebenroth/Boujong/Joost/Strohn (Hrsg.), HGB-Kommentar, § 248, Rn. 21.

[146] Vgl. § 268 VIII S.1 HGB.

[147] Vgl. DRS 24.19.

[148] Vgl. § 252 I S.4 HGB.

[149] Vgl. *Hennrichs*, DB 11/2008, 537 (537).

[150] Für eine konkrete Auseinandersetzung mit dem beizulegenden Zeitwert siehe Kapitel D.I.

[151] Vgl. *Mujkanovic*, StuB 7/2016, 247 (249 f.); DRS 24.42.

[152] Vgl. § 255 I HGB.

[153] Für ein nach HGB bilanzierendes Unternehmen oder einen Konzern mit einem deutschen Mutterunternehmen stellt der Euro die Berichtswährung dar, gemäß § 244 iVm. § 298 I HGB.

[154] U.a. die Beeinflussung des Jahresergebnisses oder des Eigenkapitals.

Zeitwert[155] oder zu null Euro erfolgen soll.[156] Dieses de facto Wahlrecht stellt dabei eine der wenigen Veränderungen des finalen Standards DRS 24 zu seinem Entwurf E-DRS 32 dar, in welchem noch die zwanghafte Verwendung des beizulegenden Zeitwerts gefordert wurde[157]. Im finalen Standard wurde nun durch die Wahl des Konjunktivs eine Entscheidungsfreiheit suggeriert, nach welcher der Ansatz zum beizulegenden Zeitwert herangezogen werden „könnte".[158] Diese Umformulierung ist dabei sehr kritisch zu hinterfragen, besonders da im Laufe des Standards nicht näher Bezug darauf genommen wird. So ist trotz der hier vermuteten Annahme eines Wahlrechts unklar, ob dieses vom DRSC auch so gewollt war oder ob die Wortwahl lediglich irreführend gewählt wurde. Soll der beizulegende Zeitwert nur in bestimmten Szenarien verwendet werden oder konstant von einem Unternehmen, wenn die Interpretation der GoB dafürsprechen? Auf diese Fragen bietet der Standard leider keine Antworten. So bleiben als einzige Beweggründe lediglich die in der Praxis angebrachten, anderen Bewertungsmethoden, die spätestens nach der Umformulierung zweifellos als noch anwendbar anzusehen sind. Demnach ist dieser Formulierungswechsel eindeutig als Zugeständnis an die gängigen Bewertungsspielräume in der Praxis zu werten, da im Hinblick auf die Informationsfunktion für die Vermögens- und Ertragslage, sowie die Vergleichbarkeit der Unternehmen, mit Sicherheit eine Pflicht zur Anwendung des beizulegenden Zeitwerts zu bevorzugen wäre.[159] Jedoch scheint das DRSC hier bewusst eine Einschränkung der Bewertungsspielräume vermeiden zu wollen, welche dann auch Implikationen für die Bewertung unentgeltlich erworbener materieller Güter hätte.[160]

Ist der Wert des unentgeltlich erworbenen Vermögens ermittelt worden, gilt es nun die Frage zu beantworten, wie sich dieser in der Bilanz niederschlägt. Während der Vermögensgegenstand auf der Aktivseite im Anlagevermögen ausgewiesen wird[161], besteht hinsichtlich des Ansatzes auf der Passivseite ein Wahlrecht zwischen einem erfolgswirksamen Beitrag und einer erfolgsneutralen Auswirkung. In diesem Zusammenhang muss besonders die erfolgswirksame Erfassungsmöglichkeit unentgeltlicher immaterieller

[155] Vgl. DRS 24.77.

[156] Vgl. *Althoff*, BB 34/2016, 2027 (2028).

[157] Vgl. E-DRS 32.76.

[158] Vgl. *Mujkanovic*, StuB 7/2016, 247 (248); DRS 24.77.

[159] Vgl. *Mujkanovic*, StuB 7/2016, 247 (248).

[160] Vgl. *Althoff*, BB 34/2016, 2027 (2028).

[161] Entweder in einem gesonderten Bilanzposten oder im Posten „entgeltlich erworbene Konzessionen, gewerbliche Schutzrechte und ähnliche Rechte und Werte sowie Lizenzen an solchen Rechten und Werten"; Vgl. DRS 24.123 f.

Vermögensgegenstände kritisiert werden, da diese unentgeltliche Zuwendung sich hauptsächlich als Einbringung eines dritten darstellt und weniger als Folge wirtschaftlicher Handelns des empfangenden Unternehmens, weshalb hier vieles für eine erfolgsneutrale Behandlung sprechen würde. Nichtsdestotrotz muss konstatiert werden, dass unabhängig davon, ob erfolgsneutral oder erfolgswirksam, der unentgeltliche Erwerb die Höhe des Eigenkapitals und somit auch des Ausschüttungspotenzials beeinflussen kann.[162]
Während dieser Einfluss ohnehin als problematisch einzustufen ist, wird dies durch die großzügigen Bewertungsspielräume für die unentgeltlich erworbenen immateriellen Güter des Anlagevermögens zusätzlich verstärkt.[163] Dieser besonderen Brisanz aufgrund fehlender Marktwerte ist sich auch der Gesetzgeber bewusst, weshalb positive Beiträge aus der Erfassung selbstgeschaffener immaterieller Vermögensgegenstände grundsätzlich der Ausschüttungssperre unterliegen.[164] Da sowohl selbst erstellte, als auch unentgeltliche immaterielle Güter oft die gleichen Probleme hinsichtlich der schwierigen Vergleichbarkeit und den Bewertungsmöglichkeiten aufweisen, wäre eine Ausweitung der Ausschüttungssperre auf den unentgeltlichen Erwerb wünschenswert gewesen und hätte so auch teilweise den Fürsprechern der Behandlung unentgeltlicher Beschaffungsprozesse als Selbsterstellung entgegenkommen können. Nichtsdestotrotz distanziert sich das DRSC sehr entschlossen von dieser Auffassung in DRS 24.B37.[165]
Dementsprechend bleibt festzuhalten, dass durch die im DRS 24 festgelegte Gleichbehandlung zwischen unentgeltlicher Beschaffung und entgeltlichem Erwerb im Rahmen immateriellen Vermögens zwar die Informationsfunktion des Abschlusses durch die Ansatzpflicht gestärkt wird, jedoch die Kapitalerhaltung, die einen weiteren Zweck des Jahresabschlusses darstellt, durch die Beeinflussung des Ausschüttungspotentials negativ beeinflusst werden kann. Gleichzeitig werden Objektivierungs-, wie auch Vorsichtsgedanken in den Hintergrund gedrängt, was letztendlich den Gläubigerschutz beeinträchtigt.[166]
Im Hinblick auf den Konzernabschluss wäre es demnach auch als problematisch zu erachten, dass ein unentgeltlicher immaterieller Vermögensgegenstand auf ein nicht voll konsolidiertes Tochterunternehmen übertragen wird und dieses den dadurch gewonnenen Ertrag daraufhin ausschüttet.[167]

---

[162] Vgl. *Althoff*, BB 34/2016, 2027 (2029).

[163] Vgl. Ebenda, 2029.

[164] Vgl. § 268 VIII S.1 HGB.

[165] Vgl. *Althoff*, BB 34/2016, 2027 (2030).

[166] Vgl. *Hennrichs*, DB 11/2008, 537 (537); *Althoff*, BB 34/2016, 2027 (2028 ff.).

[167] Vgl. *Althoff*, BB 34/2016, 2027 (2029).

Ein weiterer Sachverhalt, der im DRS 24 als Erwerb eingestuft wird, ist die Gewinnung neuen immateriellen Vermögens im Konzern durch einen Unternehmenszusammenschluss.[168] Dies wird ergänzt um die Voraussetzung der zuverlässigen Ermittlung des beizulegenden Zeitwerts[169], was sinnvoll erscheint, da im Rahmen der Unternehmenszusammenschlusses nach HGB sämtliche erworbene Vermögensgegenstände und Schulden mit dem beizulegenden Zeitwert anzusetzen sind und die Bewertbarkeit ein notwendiges Kriterium des Ansatzes darstellt.[170] Folgerichtig findet eine Bezugnahme auf die nach HGB, sowie nach DRS 23 vorgegebene Erwerbsmethode statt, nach welcher der Unternehmenserwerb nicht als Aufnahme der Anteile des Tochterunternehmens zu werten ist, sondern stattdessen als Erwerb sämtlicher einzelner Vermögensgegenstände des aufzunehmenden Unternehmens.[171] Es handelt sich bei Unternehmenszusammenschlüssen nach HGB also um sogenannte „asset deals".[172]

Wie dargestellt, sind diese Ausführungen im Hinblick auf den immateriellen Vermögenserwerb im Rahmen von Unternehmenszusammenschlüssen gut auf die bisherigen gesetzlichen Formulierungen für entsprechende Sachverhalte abgestimmt, wenn auch sehr oberflächlich gehalten. Dass dies einer der wenigen Abschnitte ist, der explizit Bezug nimmt auf die Kapitalkonsolidierung, soll an dieser Stelle nochmal besonders hervorgehoben sein.

Ähnliches gilt auch für erworbene Forschungs- und Entwicklungsprojekte, für welche lediglich festgeschrieben wurde, dass für diese ebenfalls eine Aktivierungspflicht besteht, falls die Ansatzkriterien erfüllt sind[173], was auch ohne dargestellten Absatz zweifelsfrei aus HGB- und DRS-Statuten hervorgegangen wäre.

Stellen sich die Ansatzregelungen für als erworben deklarierte Vermögensgegenstände noch relativ simpel dar, ist dies bei dem Sachverhalt selbst geschaffener immaterieller Güter oft nicht Fall. Dabei treten vor allem bezüglich des Entstehungsprozesses bis hin zum gewünschten Vermögensgegenstand Fragen auf, welchen sich der DRS 24 nachfolgend widmet.

---

[168] Vgl. DRS 24.42.

[169] Näher dargestellt in Kapitel D.I.

[170] Vgl. § 301 I S.2 HGB; DRS 23.62 ff.; *Zelger*, in: Ballwieser/Beyer/Zelger (Hrsg.), Unternehmenskauf, 139 (184).

[171] Vgl. § 301 I S.2 HGB; DRS 23.51; *Coenenberg/Haller/Schultze*, Jahresabschluss, 669.

[172] Vgl. *Busse von Colbe et al.*, Konzernabschlüsse, 406.

[173] Vgl. DRS 24.43.

Wie bereits in DRS 24.15 festgehalten, beginnt das DRSC den Abschnitt selbst geschaffener immaterieller Vermögensgegenstände mit einer nochmaligen Bekräftigung des nach § 248 II S.1 HGB festgelegten Wahlrechts dieser Vermögenswerte, für den Fall, dass diese nicht unter den § 248 II S.2 HGB fallen.[174]

Der Grund für die Einführung dieses Wahlrechts im Rahmen des BilMoG liegt dabei, wie bereits eingangs erwähnt, in der zunehmenden Bedeutung immateriellen Vermögens in einer wissensbasierten Gesellschaft. Vor dem in 2009 in Kraft getretenen BilMoG galt für selbstgeschaffenes immaterielles Vermögen ein striktes Ansatzverbot[175]für nicht entgeltlich erworbene immaterielle Güter. Dies wurde damit begründet, dass immaterielles Vermögen nur sehr umständlich bis gar nicht objektiv bewertbar wäre, aufgrund schwerlich zurechenbarer Herstellungskosten und der „Unkörperlichkeit" dieser Werte, was sich nicht mit dem Vorsichtsprinzip und dem Gläubigerschutz vereinbaren ließe.[176] Die Skepsis hinsichtlich selbsterstellten immateriellen Gütern macht sich noch heute in der Verknüpfung mit der Ausschüttungssperre bemerkbar.[177]

Doch sind nicht nur bereits fertig gestellte immaterielle Vermögensgegenstände wichtige Werttreiber, wie beispielsweise im Rahmen von Unternehmenskäufen. So stellt auch in der Entstehung befindliches, immaterielles Vermögen einen oftmals nicht unbedeutenden Wert bei Unternehmensakquisitionen dar, was aus Sicht der Informationsfunktion für einen Ansatz spricht.[178]

Während dabei im HGB lediglich festgelegt wurde, dass die Kosten in der Entwicklungsphase als Herstellkosten anzusetzen sind, falls Forschung und Entwicklung eindeutig voneinander getrennt werden können[179], nimmt DRS 24 hier dankenderweise Konkretisierungen vor, da der Ansatz von Entwicklungskosten seit langem für viele Diskussionen und Kritik sorgt.[180]

Das DRSC nennt dabei konkrete Voraussetzungen, die nötig sind, um das Ansatzwahlrecht für Herstellkosten rechtfertigen zu können.[181] Bei der Festlegung hat sich das DRSC

---

[174] Vgl. DRS 24.44.

[175] Vgl. § 248 II HGB a. F.

[176] Vgl. *Merkt*, in Baumbach/Hopt, HGB-Kommentar, § 248, Rn. 3.

[177] Vgl. § 268 VIII HGB; *Dobler/Kurz,* Kapitalmarktorientierte Rechnungslegung 7/8/2008, 485 (493); *Moxter*, DB 28/29/2008, 1514 (1515).

[178] Vgl. *Rohleder*, DB 29/2016, 1645 (1645); *Müller*, BC 6/2017, 263 (264); *Hahn/Quick*, Der Betrieb 17/2017, 917 (917).

[179] Vgl. § 255 IIa HGB.

[180] Vgl. *Wulf/Lange/Niemöller*, BB 2015, 1835 (1836).

[181] Vgl. DRS 24.45.

stark an den internationalen Statuten zum Ansatz aus der Entwicklung entstehender immaterieller Vermögenswerte angelehnt.[182] Dies ist zu begrüßen, da auch in der Praxis eine Orientierung daran stattgefunden hat und selbiges auch in der Literatur gefordert wurde.[183] Hiermit wird einer der Hauptgründe der ursprünglichen Einführung des Aktivierungswahlrechts immaterieller Güter, die Vergleichbarkeit zu den internationalen Abschlüssen, noch zusätzlich verstärkt.[184]

Erste Voraussetzung ist dabei das eindeutige Vorliegen des Gegenstands in der Entwicklungsphase. Dieser Grundsatz leitet sich bereits aus dem HGB nach dem vorliegenden Verbot der Beachtung von Forschungskosten ab und hat entscheidende Bedeutung für die Bestimmung der Herstellungskosten.[185] Dabei werden sinnvollerweise Beispiele[186] genannt um die geforderte deutliche Abgrenzung zwischen Forschung und Entwicklung zu erreichen. Diese stellt trotzdem aufgrund der sehr allgemein formulierten Definitionen in der Praxis häufig eine Schwierigkeit für Unternehmen dar.[187] Gleichzeitig werden praxisübliche Sachverhalte ausgelassen, wie ein sehr fließender Übergang von Forschungsphase und Entwicklungsphase oder auch die Möglichkeit, dass von der Entwicklungsebene wieder ein Rückschritt auf die Forschungsebene gemacht wird und dementsprechend kein linearer Verlauf der Phasen vorliegt.[188] In diesen Fällen ist fragwürdig, ob eine verlässliche Bestimmung gegeben ist. So bleibt festzuhalten, dass hinsichtlich der Trennung der Forschungs- und Entwicklungsphase auch trotz der Ergänzungen des DRS 24 große Ermessensspielräume für die Unternehmen bestehen bleiben. Möchte ein Unternehmen einen Wert nicht ansetzen, so ist einfach die geforderte klare Trennung der Phasen zu verneinen.[189] Gleichzeitig stellt eine eindeutige Trennung zwischen Forschung und Entwicklung hohe Anforderungen an das Controlling, als auch die Dokumentation über das Entstehen des Vermögensgegenstands, was für das Unternehmen hohe Kosten bedeutet.[190]

---

[182] Vgl. IAS 38.57; *Schruff/Haaker*, in: Ballwieser et al. (Hrsg.), Handbuch IFRS, § 11, Rn. 57; *Theile*, BBK 11/2015, 522 (524).

[183] Vgl. *Ballwieser*, in: Schmidt (Hrsg.), MüKoHGB, § 248, Rn. 18.

[184] Vgl. *Poll*, in: Häublein/Hoffmann-Theinert (Hrsg.), BeckOK HGB, § 255, Rn. 53.

[185] Vgl. § 255 II S.4 HGB; DRS 24.B45; Küting/Ellmann, DStR 25/2010, 1300 (1300).

[186] Vgl. DRS 24.47.

[187] Vgl. *Fink/Schulze/Winkeljohann*, Bilanzpolitik, 69; *Tiedchen*, in: Hennrichs/Kleindiek/Watrin (Hrsg.), MüKoBila, § 255 HGB, Rn. 107.

[188] Vgl. *Küting/Ellmann*, DStR 25/2010, 1300 (1300).

[189] Vgl. DRS 24.B45; *Fink/Schulze/Winkeljohann*, Bilanzpolitik, 69; *Tiedchen*, in: Hennrichs/Kleindiek/Watrin (Hrsg.), MüKoBila, § 255 HGB, Rn. 107.

[190] Vgl. DRS 24.B43; *Böcking/Gros*, in: Ebenroth/Boujong/Joost/Strohn (Hrsg.), HGB-Kommentar, § 255, Rn. 63; *Rossmanith/Funk/Eha*, DB 1/2011, 22 (25 f.).

Als zweites anzusetzendes Kriterium nach DRS 24.45 nennt das DRSC das Vorliegen der Vermögensgegenstandseigenschaften, entsprechend DRS 24.17 ff. Auch bezüglich dieses Sachverhalts gab es ihn der Literatur verschiedene Ansichten.[191] So wurde mitunter gefordert, dass bereits Güter anzusetzen seien, für welche die Erfüllung der Vermögensgegenstandseigenschaften noch nicht gegeben, sondern lediglich hochwahrscheinlich waren.[192] Gleichzeitig wird die Voraussetzung zum Vorliegens der Vermögensgegenstandseigenschaften der Entwicklungskosten hinterfragt. Da prinzipiell der Grundsatz gilt, dass ein Ansatz lediglich bei Vorliegen des Vermögensgegenstands möglich sein soll, jedoch hier bereits vor der Fertigstellung des Gegenstands dessen Herstellungskosten aktivierbar sein sollen.[193] Jedoch ist in diesem Zusammenhang auf unfertige Vermögensgegenstände zu verweisen, die trotzdem einzeln verwertbar sind und demnach die Ansatzvoraussetzungen erfüllen. Bestes Indiz zum Vorliegen eines solchen Wertes ist das Bestehen eines Marktes für diese. Als Beispiel ist hier eine Zwischenstufe eines noch in der Entwicklung befindlichen Medikaments zu nennen.[194]

Damit jedoch die unfertigen Vermögensgegenstände nicht ihren Bezug zu dem beabsichtigten fertigen Produkt erhalten, schränkt die dritte Ansatzbedingung dies auf Vermögen ein, bei welchem eine hohe Wahrscheinlichkeit für die Entstehung des angestrebten immateriellen Vermögensgegenstands kommt.[195] Dass hier trotzdem schon vor Fertigstellung ein Ansatz erfolgt, orientiert sich dabei vor allem auch an der üblichen Praxis bei materiellen Vermögensgegenständen, wo auch bereits im Bau befindliches Vermögen, was nichtsdestotrotz die Ansatzvoraussetzungen erfüllt, aktiviert werden darf.[196] Als hilfreich stellt sich in diesem Zusammenhang auch die nähere Definition der „hohen Wahrscheinlichkeit" dar, wurde dies doch noch im Rahmen des BilMoG verpasst.[197] Die hohe Wahrscheinlichkeit hat dabei ihren Fokus auf der erfolgreichen Beendigung des Entwicklungsprozesses, sowie der Erfüllung der Ansatzkriterien des neugeschaffenen Gutes und wird durch DRS 24.50 dadurch konkretisiert, dass das fertigzustellende immaterielle

---

[191] Vgl. *Schmidt*, DB 23/2014, 1273 (1273 ff.).

[192] Vgl. *Wulf/Lange/Niemöller*, BB 2015, 1835 (1836); DRS 24.B49f; *Hennrichs*, in: Hennrichs/Kleindiek/Watrin, MüKoBila, § 248, Rn. 36.

[193] Vgl. *Ballwieser*, in: Schmidt (Hrsg.), MüKoHGB, § 248, Rn. 18.

[194] Vgl. *Theile*, BBK 11/2015, 522 (524); *Wulf/Lange/Niemöller*, BB 2015, 1835 (1836); *Kütting/Ellmann*, DStR 25/2010, 1300 (1300).

[195] Vgl. *Gelhausen/Fey/Kämpfer*, Rechnungslegung nach BilMoG, § 248, Rn. 66; DRS 24.45.

[196] Vgl. *Küting/Ellmann*, DStR 25/2010, 1300 (1303); *Poll*, in: Häublein/Hoffmann-Theinert (Hrsg.), BeckOK HGB, § 255, Rn. 56; *Theile*, BBK 11/2015, 522 (524).

[197] Vgl. *Gelhausen/Fey/Kämpfer*, Rechnungslegung nach BilMoG, § 248, Rn. 69; *Petersen*/Zwirner, Bilanzrechtsmodernisierungsgesetz, 391f.; DRS 24.B52.

Vermögen technisch realisierbar sein muss, genügend Ressourcen zur erfolgreichen Erstellung verfügbar sein sollen und zudem die Fertigstellung durch das herstellende Unternehmen auch tatsächlich beabsichtigt wird.[198] Während bei der technischen Realisierbarkeit eine weite Auslegung nahegelegt wird um externen regulatorischen Hindernissen aus dem Weg zu gehen[199], bleiben hier trotzdem Fragen für die Praxis bestehen. So ist beispielsweise im Rahmen chemischer Entwicklungen auf kleinen Anlagen eine Realisierung einer chemischen Substanz möglich, jedoch die Umsetzung zur gewünschten Massenfertigung nicht durchführbar aufgrund technischer Beschränkungen.[200] Es zeigt sich, dass trotz der notwendigen näheren Erläuterungen in Bezug auf die Voraussetzungen weiterhin Auslegungsfragen für Unternehmen bestehen. Grundsätzlich ist hier eine Verallgemeinerung hinsichtlich bestimmter Sicherheitsgrade nur schwer möglich, da diese von sehr produkt-, betriebs- und branchenspezifischen Faktoren abhängig sind.[201]
Als vierte Voraussetzung für die Aktivierung der Entwicklungskosten wird die verlässliche Zurechnung der Kosten für den Vermögensgegenstand bestimmt. Bezüglich der Kosten wird dabei auf § 255 IIa HGB verwiesen.[202] So müssen als Entwicklungskosten auf jeden Fall die Fertigungs- und Materialeinzelkosten, sowie angemessene Teile der Fertigungs- und Materialgemeinkosten zu ermitteln sein. Zudem besteht ein Einbeziehungswahlrecht im Hinblick auf Verwaltungsgemeinkosten.[203] Es zeigt sich, dass ein Unternehmen über ein hoch entwickeltes Kostenrechnungssystem verfügen muss, um das Ansatzwahlrecht für die Entwicklungskosten gewährleisten zu können.[204]
Die fünfte und letzte notwendige Voraussetzung ist die sachlogische Forderung, dass der gewünschte, aus dem Entwicklungsprozess hervorgehende immaterielle Vermögensgegenstand keinem Aktivierungsverbot nach § 248 II S.2 HGB unterliegen darf.[205] Hier wird noch einmal der Zusammenhang zwischen dem in Entwicklung befindlichen und dem angestrebten Vermögensgegenstand verdeutlicht.
Es zeigt sich, dass die Erläuterungen des DRSC in Bezug auf die Nutzung des Aktivierungswahlrechts es schaffen, Verständnis- und Auslegungsfragen zu beantworten und

---

[198] Vgl. *Gelhausen/Fey/Kämpfer*, Rechnungslegung nach BilMoG, § 248, Rn. 66; *Hahn/Quick*, Der Betrieb 17/2017, 917 (917).

[199] Vgl. DRS 24.B56.

[200] Vgl. *Theile*, in: Heuser/Theile (Hrsg.), IFRS-Handbuch, 145 (154 f.).

[201] Vgl. *Gelhausen/Fey/Kämpfer*, Rechnungslegung nach BilMoG, § 248, Rn. 70.

[202] Vgl. *Küting/Ellmann,* DStR 25/2010, 1300 (1300).

[203] Vgl. *Gersbacher/Volz*, BC 2/2017, 66 (68).

[204] Vgl. DRS 24.B59; *Rossmanith/Funk/Eha*, Der Betriebswirt 1/2011, 22 (25 f.).

[205] Vgl. DRS 24.45; *Wulf/Lange/Niemöller*, BB 2015, 1835 (1836).

auch dem in der Literatur geäußerten Wunsch nach einer Orientierung an den internationalen Vorschriften nachkommen.[206] Ebenfalls als positiv ist die über die HGB-Regelungen hinausgehende Hinweis des DRSC zu erachten, dass die in Entwicklung befindlichen Vermögensgegenstände in der Bilanz innerhalb des Postens „immaterielle Vermögensgegenstände" mit einem Davon-Vermerk dargestellt werden sollen, da so eine verbesserte Informationslage erreicht werden kann.[207] Gleiches gilt für die Empfehlung die Forschungs- und Entwicklungskosten des Geschäftsjahres im Rahmen der Darlegung der Bilanzierungs- und Bewertungsmethoden nach § 313 I Nr. 1 S. 3 HGB getrennt voneinander zu erfassen, falls dies verlässlich möglich ist, welche eine bessere Vergleichbarkeit von Unternehmen bezüglich der Forschungs- und Entwicklungsaktivitäten gewährleisten kann.[208]

Nichtsdestotrotz bleiben hinsichtlich des Wahlrechts viele Ermessensspielräume bestehen, die eine Vergleichbarkeit der Unternehmen weiterhin erschweren.[209] Dementsprechend ist die Stärkung des Informationsgehalts des Abschlusses mehr als fragwürdig, so kommt es durch den Einbezug von Prognosen zusätzlich zu einer „Entobjektivierung".[210] In der Praxis zeigt sich, dass Unternehmen das Wahlrecht selten in Anspruch nehmen. Wird jedoch das Wahlrecht aktiviert, so geschieht dies nicht selten aus opportunistischen Beweggründen um die Vermögens- und Ertragslage des eigenen Unternehmens zu verschleiern.[211] Folglich gibt es in der Literatur auch immer wieder Stimmen, die sich für eine Aktivierungspflicht[212] aussprechen, genauso wie andere eine Rückkehr zum Aktivierungsverbot[213] fordern.

Jedoch muss an dieser Stelle auch erwähnt werden, dass das Aktivierungswahlrecht auf HGB-Regelungen beruht. Demzufolge soll eine ausführliche Diskussion hinsichtlich des Für und Wider des Wahlrechts an dieser Stelle nicht geschehen, da der DRS 24 hier korrekterweise nur den HGB-Normen Folge leistet.[214]

---

[206] Vgl. *Wulf/Lange/Niemöller*, BB 2015, 1835 (1836 f.); *Ballwieser*, in: Schmidt (Hrsg.), MüKoHGB, § 248, Rn. 18; *Theile*, BBK 11/2015, 522 (524).

[207] Vgl. *Wulf/Lange/Niemöller*, BB 2015, 1835 (1837); DRS 24.120 f.

[208] Vgl. *Theile*, BBK 13/2016, 658 (660); *Wulf/Lange/Niemöller*, BB 2015, 1835 (1837); DRS 24.140 ff.

[209] Vgl. *Rohleder*, DB 29/2016, 1645 (1646); *Fink/Schulze/Winkeljohann*, Bilanzpolitik, 68 f.; *Ruhnke/Schmiele/Sanyang*, DB 51/52/2009, 2725 (2725).

[210] Vgl. *Tran*, KoR 11/2011, 538 (539); *Moxter*, DB 28/29/2008, 1514 (1516); *Kreide*, KoR 3/2015, 148 (148 ff.).

[211] Vgl. *Bissinger/Dornbauer/Schneemann*, Corporate Finance biz 4/2010, 240 (240 f.); *Müller* BC 6/2017, 263 (264); *Tran*, KoR 11/2011, 538 (539); *Hahn/Quick*, DB 17/2017, 917 (918 ff.).

[212] Vgl. *Rohleder*, DB 29/2016, 1645 (1650 f.); *Müller*, BC 6/2017, 263 (264).

[213] Vgl. *Kreide*, KoR 3/2015, 148 (148 ff.).

[214] Vgl. *Theile*, BBK 13/2016, 658 (661).

Anschließend findet eine Konkretisierung des bereits viel zitierten Ansatzverbotes nach § 248 II S.2 HGB statt. Im Mittelpunkt stehen dabei die mit Marken, Drucktiteln, Kundenlisten und Vertragslisten vergleichbaren immateriellen Vermögensgegenstände.[215]
Die Vergleichbarkeit lässt sich dabei dadurch charakterisieren, dass ihre Kosten nicht mit voller Sicherheit von den Kosten getrennt werden können, die aufgewendet werden um die Entwicklung des gesamten Unternehmens voranzutreiben, sprich den originären Geschäftswert zu erhöhen.[216]
Über die Wiedergabe des bereits in der Gesetzesbegründung dargelegten Inhalts kommt der Standard im Hinblick auf das Ansatzverbot kaum hinaus, so wird lediglich, relativ unkonkret, angeführt, dass dabei auf inhaltliche Aspekte abzustellen sei.[217]
Jedoch besteht die Tendenz aufgrund ungenauer Formulierungen, dass sämtliche immaterielle Vermögenswerte aufgrund ihrer Auswirkungen auf den Geschäfts- oder Firmenwert, eine Ansatzmöglichkeit verlieren. Entwickelt ein Unternehmen beispielsweise eine Rezeptur, die am Markt mit großem Erfolg eingeführt wird, so dürfte diese, angenommen alle Ansatzvoraussetzungen sind erfüllt, aktivierbar sein. Durch die erzielten Umsätze ist jedoch auch ein Einfluss auf den Geschäfts- oder Firmenwert eindeutig vorhanden, wodurch ein Ansatzverbot nach DRS 24.56 begründet. Dieses Szenario ist für praktisch alle selbstgeschaffenen immateriellen Vermögensgegenstände denkbar. Demzufolge zeigt sich, dass die Auslegungen des Standards hier auch einen Ansatz für selbstgeschaffenes immaterielles Vermögen weitestgehend unmöglich machen können, was nicht in der Absicht der Verfasser liegen kann.[218]

Nach einer Konkretisierung des Ansatzes im Rahmen des Erwerbs von immateriellen Vermögensgegenständen wendet sich DRS 24 nun dem Abgang dieser zu. Auch hier muss festgehalten werden, dass der Standard es kaum über die gesetzlichen Regelungen des HGB hinausschafft. So ist immaterielles Vermögen, einschließlich aktivierter Entwicklungskosten, im Falle eines Übergangs des wirtschaftlichen Eigentums auszubuchen.[219] Ungewöhnlich detailliert zeigt sich der DRS 24 bezüglich der Regelungen von Lizenzen im Rahmen des Abgangs. Werden hier einzelne Teilrechte veräußert, sind diese

[215] Vgl. DRS 24.55 f.

[216] Vgl. DRS 24.56; *Mujkanovic*, StuB 14/2015, 523 (527f.); BT-Drucksache 16/10067, 50.

[217] Vgl. *Mujkanovic*, StuB 14/2015, 523 (527 f.); DRS 24.58.

[218] Vgl. *Mujkanovic*, StuB 14/2015, 523 (527 f.).

[219] Vgl. DRS 24.59-61.

als ein Vermögensgegenstand zu behandeln. Findet eine Veräußerung statt, muss der Übergang des wirtschaftlichen Eigentums der Teilrechte für jeden Einzelfall separat geprüft werden. Wird ein wirtschaftlicher Übergang festgestellt, muss auch hier ein Abgang verbucht werden. Als sehr hilfreich sind auch die Indizien für den Abgang eines Teilrechts zu werten.[220]

Als abschließendes Thema hinsichtlich des Ansatzes widmet sich DRS 24 der Ansatzstetigkeit, welche in § 246 II HGB dargestellt wird. Die Ausführung des HGB, sowie des DRS 13 *Grundsatz der Stetigkeit und Berichtigung von Fehlern*[221], sollen hier nun um explizite Sachverhalte immaterieller Vermögensgegenstände ergänzt werden.[222]
Demnach sind auf gleichartige Sachverhalte die gleichen Methoden anzuwenden und gleichartige Entscheidungen bei Wahlrechten anzuwenden.[223] In der Praxis dürfte sich dies als besonders schwierig gestalten, da immaterielles Vermögen sich häufig sehr individuell gestaltet und somit auch nur schwerlich vergleichbare immaterielle Vermögensgegenstände zu identifizieren sind.[224] Dieser Problematik bewusst, versucht DRS 24.71 den Begriff der Gleichartigkeit einzugrenzen, was aber mit Anmerkungen wie dem gleichen Funktionsbereich oder auch einem gleichen Vertriebsweg nur schwammig geschieht und so Unternehmen nur bedingt helfen wird. Dementsprechend ergänzt auch DRS 24.72 zurecht, dass Parameter zur Beurteilung der Gleichartigkeit von den Unternehmen selbst festgelegt werden sollten.
Kritisch für die Praxis muss in Bezug auf die Ansatzstetigkeit angemerkt werden, dass die Stetigkeitsforderung bezüglich des Ansatzwahlrechts zu einer ungewünschten Ansatzfalle für die Unternehmen führen kann. So wird die Nutzung des Aktivierungswahlrechts selbstgeschaffenen immateriellen Vermögens häufig als Zeichen einer progressiven, also bilanzschönenden, Bilanzpolitik gewertet wird. Kommt es also einmalig zum Aktivierung des Wahlrechts, hätte dies auch zwanghaft in den Folgejahren für gleichartige Sachverhalte zu geschehen, selbst, wenn dies im Desinteresse des Unternehmens liegen sollte.[225]

220 Vgl. DRS 24.62-65.

221 Veröffentlicht am 08. Juli 2002; Vgl. DRS 13.1 ff.

222 Vgl. DRS 24.67 f.

223 Vgl. DRS 24.70; *Küting/Ellmann*, DStR 25/2010, 1300 (1301).

224 Vgl. *Pfauth*, Goodwillbilanzierung, 67.

225 Vgl. *Müller*, BC 6/2017,263 (264); *Küting/Ellmann*, DStR 25/2010, 1300 (1306).

III. Verpasste Chancen hinsichtlich des Ansatzes

Nachdem nun ausführlich die Ansatzregelungen des DRS 24 für immaterielle Vermögensgegenstände betrachtet wurden, lässt sich festhalten, dass hier kaum auf Probleme eingegangen wird, welche sich auf konzernspezifische Fragestellungen beziehen.[226] Dies scheint doch verwunderlich, ist die Aufgabe des DRSC ja gerade die Ausarbeitung der Grundsätze ordnungsgemäßer Konzernbuchführung.[227]

So zeigen sich beispielsweise Ausführungen wie die Veränderung immateriellen Vermögens oder auch der unentgeltliche Erwerb nicht als Probleme für den Konzern, sondern gleichermaßen für den Einzelabschluss.[228]

Findet eine Betrachtung der Ansatzfragen für immaterielle Vermögensgegenstände im Hinblick auf die Konzernrechnungslegung statt, so wären vor allem Fragen bezüglich der Identifizierung und des Ansatzes im Rahmen der Kaufpreisallokation bei Unternehmenszusammenschlüssen zu beantworten.[229]

Jedoch tut sich der DRS 24 diesbezüglich mehr als schwer. So legt sich der Standard lediglich darauf fest, dass immaterielle Vermögensgegenstände, die im Rahmen eines Unternehmenszusammenschlusses zugegangen sind, stets als erworben gelten sollen.[230] Gleiches solle dabei auch für erworbene Forschungs- und Entwicklungsprojekte gelten.[231]

Diese nur oberflächliche Behandlung zeigt sich gerade daher mehr als schade, da besonders das Identifizieren immaterieller Werte bei der Verteilung des Kaufpreises auf die einzelnen Vermögensgegenstände sich als schwierig dargestellt, es jedoch gleichzeitig eine hohe Bedeutung einnimmt bei der Bestimmung eines möglichen Geschäfts- oder Firmenwerts.[232] So stellen die immateriellen Werte eine oft starke Werttreiber für den Preis eines Unternehmens dar und verdrängen damit vermehrt die materiellen Vermögensgegenstände hinsichtlich ihrer Bedeutung.[233]

---

226 Vgl. *Hoffmann*, StuB 12/2015, 441.

227 Vgl. § 342 HGB.

228 Vgl. *Theile*, BBK 13/2016, 658 (662); *Wulf/Lange/Niemöller,* BB 2015, 1835 (1835).

229 Vgl. *Theile*, BBK 13/2016, 658 (659).

230 Vgl. DRS 24.42.

231 Vgl. DRS 24.43.

232 Vgl. *Meyer*, in: Thiele/von Keitz/Brücks (Hrsg.), Internationales Bilanzrecht, IFRS 3, Rn. 17; *Lüdenbach/Hoffmann/Freiberg* (Hrsg.), Haufe IFRS, § 31, Rn. 80; *Rogler/Schmidt/Tettenborn*, KoR 12/2014, 577 (580).

233 Vgl. *Bissinger/Dornbauer/Schneemann*, Corporate Finance biz 4/2010, 240 (240); *Wulf/Lange/Niemöller,* BB 2015, 1835 (1835).

Während die bereits vor der Unternehmensakquise angesetzten immateriellen Vermögensgegenstände wenig Aufwand hinsichtlich der Identifizierung bedürfen, zeigt sich dieser Sachverhalt als besonders schwierig für immaterielles Vermögen, was bis dato dem Ansatzverbot nach § 248 II S.2 HGB unterlegen hat. Dieses ist nun im Rahmen der Erstkonsolidierung in der Neubewertungsbilanz anzusetzen.[234] Dadurch sind die vorher selbstgeschaffenen Werte aus Konzernsicht heraus nun als erworbene, aktivierungspflichtige Vermögensgegenstände zu bewerten.[235] Obwohl die nähere begriffliche Bestimmung der Einzelverwertbarkeit, wie sie bislang im HGB fehlte[236], für eine verbesserte Verdeutlichung des Bestehens von Vermögensgegenständen sorgt, stellt sich die Identifikation bei Unternehmenszusammenschluss erworbener immaterieller Vermögensgegenstände nichtsdestotrotz weiterhin alles andere als einfach dar.[237] Zwar stehen bei der Suche den immateriellen Werttreibern des erworbenen Unternehmens verschiedene Werkzeuge, wie die SWOT-Analyse[238], das Konzept der Kernkompetenzen nach *Prahalad/Hamel*[239], sowie Informationen aus dem internen Controlling zur Verfügung, jedoch garantieren diese nicht die vollständige Aufdeckung der substanzlosen, nicht finanziellen Vermögensgegenstände eines Unternehmens. Daher wäre es aus Sicht der Bilanzersteller durchaus wünschenswert gewesen, wenn der DRS 24, ähnlich IFRS 3 IE 18 - IE 44, eine Auflistung möglicher immaterieller Vermögensgegenstände aufzeigen würde, welche zumindest als Orientierung zu helfen vermag.[240]

Des Weiteren wäre eine konkretere Auseinandersetzung mit der weitreichenden Anzahl an verschiedenen Identifizierungsgrenzfällen wünschenswert gewesen, welche die immateriellen Werte mit sich bringen.

Als besonders schwierig stellen sich hier die kundenbezogenen immateriellen Vermögenswerte dar, die durch den Unternehmenserwerb nun erstmals aktivierbar sein können.[241] So ist ihre Aktivierungsfähigkeit mit großen Spielräumen hinsichtlich der Erfüllung der Aktivierungskriterien verbunden.[242] Hier wäre beispielsweise die Frage zu

---

[234] Vgl. *Rammert/Hommel/Wüstemann*, Konzernbilanz, 136.

[235] Vgl. DRS 23.51; *Küting/Weber*, Konzernabschluss, 353.

[236] Vgl. *Landgraf/Herrmann/Heßdörfer*, PiR 10/2018, 285 (285 f.).

[237] Vgl. *Rogler/Schmidt/Tettenborn*, KoR 12/2014, 577 (580).

[238] Vgl. *Baum/Coenenberg/Günther*, Strategisches Controlling, 99 f.

[239] Vgl. *Prahalad/Hamel*, HBR 3/1990, 79 (79 ff.).

[240] Vgl. *Rogler/Schmidt/Tettenborn*, KoR 12/2014, 577 (577 f.).

[241] Vgl. *Lüdenbach/Hoffmann/Freiberg* (Hrsg.), Haufe IFRS, § 31, Rn. 81 ff.

[242] Vgl. *Kajüter*, in: Helm/Günter/Eggert (Hrsg.), Kundenwert, 471 (476.).

klären gewesen, inwieweit durch Unternehmensakquise erworbene Kundenverträge zu identifizieren sind. Spricht bei Vorliegen eines rechtlich gesicherten Abnahmevertrages am Bilanzstichtag noch vieles für eine Einzelverwertbarkeit, ist diese Frage schwieriger zu beantworten, falls kein zu diesem Zeitpunkt fest vorzeigbarer Vertrag gegeben ist. So gilt es in IFRS-Kreisen trotzdem als möglich, dass der Sachverhalt der regelmäßigen Transaktionen zwischen bestimmten Kunden und dem erworbenen Unternehmen separierbar ist, was der Einzelverwertbarkeit zu großen Teilen gleichkäme. [243] Jedoch stellt sich hier die Frage, ob das zusätzlich nach DRS 23 notwendige Identifizierungskriterium der verlässlichen Bewertbarkeit gegeben wäre?[244] Dies scheint schwierig, jedoch unter Umständen durch Zuhilfenahme von historischen Werten nicht unmöglich.

Selbst bei Vorliegen eines Vertrages kann sich die Erfüllung der Identifizierungskriterien als fragwürdig herausstellen, falls lediglich Konditions- oder Rahmenverträge geschlossen worden sind. Zwar kann davon ausgegangen werden, dass sich diese prinzipiell veräußern lassen können, jedoch ist hier eine beweisbare Gewinnchance und die Ermittlung des beizulegenden Zeitwerts als schwierig zu erachten.[245]

Grundsätzlich lassen sich in Bezug auf die Identifizierbarkeit von vertraglichen Auftragsbeständen verschiedene Meinungen feststellen. Werden die Identifizierbarkeitskriterien häufig als erfüllt angesehen[246], gibt es auch stimmen, welche den Ansatz als Vermögensgegenstand nicht als rechtmäßig anerkennen, da es sich bei den erworbenen Auftragsbeständen um die Abgeltung von Auftragserlangungskosten handele[247], während *Winkeljohann/Schellhorn* argumentieren, dass die Preise für die Erlangung der Bestände als zusätzliche Anschaffungskosten für die erworbenen, nicht fertigen Aufträge zu interpretieren sind.[248] Hier wird deutlich, dass trotz einer oftmals vermuteten Einzelverwertbarkeit, doch kein geforderter Konsens herrscht bezüglich der Erfüllung der Identifizierungskriterien. Hier hätte der DRS 24 Abhilfe schaffen können, verpasst aber eine Bezugnahme gänzlich.

Zusätzliche Hilfestellung wäre auch wünschenswert gewesen im Hinblick auf erwartete Verträge mit Neukunden, die durch Unternehmensakquise erworben wurden. So scheint

---

[243] Vgl. *Haller/Reinke* (Hrsg.), ZfbF 60/2009, 25; *Hommel/Benkel/Wich*, BB 2004, 1267 (1629).

[244] Vgl. DRS 23.52 iVm. DRS 23.67; *Rammel/Hommert/Wüstemann*, Konzernbilanz, 136.

[245] Vgl. *Lüdenbach/Hoffmann/Freiberg* (Hrsg.), Haufe IFRS, § 31, Rn. 82.

[246] Vgl. *Winkeljohann/Deubert*, in: Grottel/Schmidt/Schubert/Winkeljohann (Hrsg.), Bilanz-Kommentar, § 301, Rn. 67; *Rogler/Schmidt/Tettenborn*, KoR 12/2014, 577 (583); *Lüdenbach/Prusaczyk*, KoR 5/2008, 204 (208).

[247] Vgl. *Adler/Düring/Schmaltz*, Rechnungslegung und Prüfung, § 246, Rn. 42.

[248] Vgl. *Winkeljohann/Schellhorn*, in: Winkeljohann/Förschle/Deubert, Sonderbilanzen, Rn. 139.

hier eine Einzelverwertbarkeit nur schwerlich vorstellbar, was aus einer gläubigerorientierten Sichtweise auch durchaus sinnvoll wäre. Nichtsdestotrotz sollte zumindest den Verträgen, welche eine gewisse Sicherheit des Abschlusses mit sich bringen, der Ansatz im Hinblick auf die Informationsfunktion nicht verwehrt werden, da besonders in Branchen, bei welchen große Einzelprojekte üblich sind, der Abschluss antizipiert wird und eine wichtige Rolle bei der Entscheidung eines Unternehmenserwerbs spielen kann.[249]
Eine weitere unbeantwortete, jedoch in der Praxis nicht selten vorkommender Problemfall ist die Erfassung der in den Konzern aufgenommenen günstigen Arbeitnehmerverträge, die hier strikt vom nicht ansatzfähigen Arbeiterstamm, für welchen das Ansatzverbot eindeutig ist[250], zu trennen sind. Dabei ist ihre Identifizierbarkeit in der Literatur regelmäßig abhängig gemacht wurden von einer bestehenden Vor- oder Nachteilhaftigkeit der bestehenden Vertragskonditionen im Vergleich zu sonst üblichen Marktwerten. Wie unschwer erkennbar ist, ist dieses Voraussetzung in der Praxis stark mit Beurteilungsspielräumen und Unwägbarkeiten verknüpft, was einer Klarstellung bedürfte.[251]
Gilt auch für selbsterstellte Marken, dass diese nach § 248 II S.2 HGB nicht ansetzbar waren, sind sie im Rahmen der Kaufpreisallokation nun als erworben anzusehen und auf die Ansatzvoraussetzungen zu prüfen. Hier wäre unter anderem die Frage zu beantworten, ob ein bewertbarer Nutzen auch dann als gegeben gilt, wenn mit der Marke ausschließlich Preissenkungen, beispielsweise zur Beschaffung von Produktionsmaterial, ermöglicht werden, was eine Bewertung des beizulegenden Zeitwerts äußerst schwierig machen würde.[252] Grundsätzlich wären für Marken konkrete Beispiele, ähnlich den *Illustrative Examples* des IFRS 3, wünschenswert gewesen, da Marken aufgrund ihrer sehr unterschiedlichen rechtlichen, als auch wirtschaftlichen Bedeutung häufig nur schwerlich identifiziert werden können.[253]
Ebenfalls spart sich der DRS 24 eine Auseinandersetzung mit dem kontroversen Thema der Aktivierung von nun möglicherweise ansetzbaren Betriebsgeheimnissen im Rahmen der Kaufpreisallokation. Dürfte es zwar grundsätzlich Dritte nach DRS 24.20 geben, die bereit sind, für diese Geheimnisse zu bezahlen, sind die Geheimnisse selbst häufig auf den expliziten Unternehmensbetrieb zugeschnittene Sachverhalten und dementsprechend

---

[249] Vgl. *Haller/Reinke* (Hrsg.), ZfbF 60/2009, 12.

[250] Vgl. *Winkeljohann/Deubert*, in: Grottel/Schmidt/Schubert/Winkeljohann (Hrsg.), Bilanz-Kommentar, § 301, Rn. 67.

[251] Vgl. *Meyer*, in: Thiele/von Keitz/Brücks (Hrsg.), Internationales Bilanzrecht, IFRS 3, Rn. 188 f.; *Lüdenbach/Hoffmann/Freiberg* (Hrsg.), Haufe IFRS, § 31, Rn. 88.

[252] Vgl. *Rogler/Schmidt/Tettenborn*, KoR 12/2014, 577 (580 f.).

[253] Vgl. *Haller/Reinke* (Hrsg.), ZfbF 60/2009, 21.

nur mit diesem verwertbar. Wird das IFRS zu Hilfe gezogen, so gelten Betriebsgeheimnisse dann als identifizierbar, falls ihre Verbreitung durch vertragsrechtliche Bestimmungen untersagt ist.[254] Zeigt sich im Falle des IFRS das Contractual-Legal-Kriteriums bezüglich solcher Sachverhalte als äußerst nützlich, tappt der HGB-Anwender auch hier weiterhin im Dunkeln.

Gleichzeitig mehr als schade ist die verpasste Chance einer genaueren Bestimmung des Begriffes des „wirtschaftlichen Vorteils“ zu bezeichnen, ist dieser doch auch Voraussetzung für das Vorliegen eines identifizierbaren immateriellen Vermögensgegenstands und somit auch von zentraler Bedeutung bei der Vermögensidentifizierung bei der Kapitalkonsolidierung.[255] Wird beispielsweise ein Patent betrachtet, scheint jenes auf den ersten Blick zwar aufgrund eines dadurch erworbenen Monopols[256] einen wirtschaftlichen Vorteil für das Unternehmen zu generieren. Jedoch muss dies nicht zwangsläufig der Fall sein. So kann im Falle eines Marktes ohne jegliche Wettbewerber das eingetragene Patent komplett nutzlos sein. Demnach ist hier fragwürdig, ob in diesem Zweifelsfall trotzdem von wirtschaftlichen Nutzen ausgegangen werden kann, beispielsweise aufgrund einer möglichen zukünftigen Ausweitung des Marktes.[257] Ein weiterer Faktor hinsichtlich des wirtschaftlichen Nutzens des Patents bildet der damit verbundene Vermögensgegenstand. Demnach ist eine Verwertbarkeit des Patents auch an die Qualität des geschützten Vermögens geknüpft.[258] Der Begriff der Qualität selbst ist dabei stark ermessensbehaftet und bietet daher einen erheblichen Interpretationsspielraum. Spricht in diesen Sachverhalt zwar vieles für eine grundsätzliche Bereitschaft von dritten, diesen Vermögensgegenstand entgeltlich zu erwerben[259], wäre eine präzisere Darstellung ähnlicher Sachverhalte in DRS 24 trotzdem mehr als hilfreich gewesen.

Besonders im Hinblick auf Patente ließe sich auch die Frage stellen, ob nach DRS 24 eine Bündelung immaterieller Güter anwendbar ist. So ist vor allem bei immateriellen Vermögensgruppen, wie Technologien oder auch Patenten, aber auch Marken[260], die Charakteristik gegeben, dass diese einen starken Zusammenhang zu anderen Patenten und der

---

[254] Vgl. *Rogler/Schmidt/Tettenborn*, KoR 12/2014, 577 (582).

[255] Vgl. DRS 24.18.

[256] Vgl. *Brockhoff*, Forschung und Entwicklung, 93.

[257] Vgl. *Castedello*, in: Ballwieser/Beyer/Zelger (Hrsg.), Unternehmenskauf, 251 (265 f.); Haller/Reinke (Hrsg.), ZfbF 60/2009, 28 f.

[258] Vgl. *Haller/Reinke* (Hrsg.), ZfbF 60/2009, 29.

[259] Vgl. DRS 24.20.

[260] Vgl. *Meyer*, in: Thiele/von Keitz/Brücks (Hrsg.), Internationales Bilanzrecht, IFRS 3, Rn. 185.

gleichen haben.[261] Aufgrund dieser Interdependenzen ist es dann oft nicht mehr verlässlich möglich Cash-Flows für die einzelnen immateriellen Güter zu bestimmen, die sich als komplett isoliert von anderen, eng verbundenen Vermögenswerten charakterisieren.[262] Dieser Problemstellung bewusst, führt das DRSC zwar an, dass die Verwertbarkeit auch gegeben sei, wenn eine Veräußerung nur im Bündel sinnvoll sei.[263] Jedoch lässt dies noch nicht darauf schließen, dass auch ein nur gebündelter Ansatz von erworbenen immateriellen Gütern möglich sei. Hier wäre eine erneute Orientierung an den IAS wünschenswert gewesen, nach welchen ein kombinierter Ansatz eine Trennung vom Geschäfts- oder Firmenwert ermöglicht wird, was nach Informationsaspekten sicherlich zu begrüßen wäre.[264]

Mit Hinweis auf DRS 24.43 wird deutlich, dass auch erworbene Forschungs- und Entwicklungsprojekte aufzufinden und hinsichtlich ihrer Vermögensgegenstandseigenschaften zu untersuchen sind. Eine Ansatzmöglichkeit ist hinsichtlich der oft großen Bedeutung der Entwicklungsprojekte bei Unternehmenserwerben grundsätzlich zu begrüßen.[265] Nichtsdestotrotz hält sich der DRS 24 bezüglich konkreteren Darlegungen dieses mitunter nicht einfachen Sachverhalts abermals zurück.[266] Dies dürfte gerade in Abhängigkeit der Informationslage Probleme mit sich bringen. Hier wäre zuallererst eine Wesentlichkeitsgrenze nützlich gewesen, um nicht jedes nur im Ansatz entstandene Projekt prüfen zu müssen. Gleichzeitig wären Indikatoren hilfreich gewesen, durch welche mit hinreichender Sicherheit die Entwicklungsphase erkennbar gewesen wäre, welche für eine getrennte Darstellung vom Geschäfts- oder Firmenwert notwendig ist.[267] Vorstellbar wären hier mögliche bestimmte eingeholte Genehmigungen oder konkrete Fertigstellungsgrade.[268] Schwierig scheint auch die Abgrenzung zwischen der Technologiegrundlage und der darauf aufbauenden Forschung und Entwicklung als solcher. Diese sind in der Praxis oft eng miteinander verbunden, bedürfen jedoch einem gesonderten Ansatz, was

---

[261] Vgl. *Haller/Reinke* (Hrsg.), ZfbF 60/2009, 29 ff.

[262] Vgl. Ebenda, 12.

[263] Vgl. DRS 24.22.

[264] Vgl. IAS 38.36; *Haller/Reinke* (Hrsg.), ZfbF 60/2009, 13.

[265] Vgl. *Bay*, Kapitalkonsolidierung, 22.

[266] Vgl. *Theile*, BBK 13/2016, 658 (659).

[267] Vgl. *Haller/Reinke* (Hrsg.), ZfbF 60/2009, 30; *Winkeljohann/Deubert,* in: Grottel/Schmidt/Schubert/Winkeljohann (Hrsg.), Bilanz-Kommentar, § 301, Rn. 67.

[268] Vgl. *Haller/Reinke* (Hrsg.), ZfbF 60/2009, 30.

sich in der Praxis häufig als fast unmöglich darstellt. Dementsprechend wären hier Fragen zu beantworten, wie eine möglichst informationsgenaue Identifizierung ablaufen solle.[269]
Während in DRS 24 für die Behandlung durch den Unternehmenserwerb begründeter Geschäfts- oder Firmenwerte zurecht auf den DRS 23 verwiesen wird, hätte der DRS 24 nichtsdestotrotz die Behandlung der Geschäfts- oder Firmenwerte, welche bereits vor der Kapitalkonsolidierung beim neu aufgenommenen Unternehmen bilanziert wurden, verdeutlichen können. Dies erscheint angebracht, ist der Goodwill ja nach HGB als immaterieller Vermögensgegenstand auszuweisen.[270] Fraglich ist, ob dieser anzusetzen ist. So befürwortet das HGB dies grundsätzlich, da es den Geschäfts- oder Firmenwert selbst als Vermögensgegenstand bezeichnet.[271] Dagegen spricht jedoch, dass hierfür keine Anschaffungskosten ermittelbar sind, die bei der Berechnung des neu entstehenden Goodwills einbezogen werden könnten. Demnach scheint hier nach Erwerbstheorie und Einheitsfiktion vieles für eine Zurechnung in den verbleibenden Unterschiedsbetrag zu sprechen, jedoch kann von einer eindeutigen Meinung nicht die Rede sein.[272]
Neben den bereits aufgezeigten Zweifelsfragen gibt es zusätzlich auch in der Bilanz entstehende, immaterielle Nebenprodukte in Folge des Unternehmenserwerbs, die einer genaueren Betrachtung bedürft hätten. So kann es dazu kommen, dass der Veräußerer einen eigenen Wettbewerbsrückzug zugesteht, um die Gewinnchancen des Erwerbers zu sichern. Der aus dem Wettbewerbsverbot entstehende Vorteil könnte dann möglicherweise als erworbener immaterieller Vermögensgegenstand bei dem veräußerten Unternehmen gewertet werden.[273] Während aufgrund eines Vertrages zwar eine Dokumentierung vorliegt und auch eine Kaufbereitschaft von dritten denkbar ist[274], erscheint es eher schwierig, diesen Wert getrennt vom veräußerten Betrieb verwerten zu können.[275]
Die Liste von konkreten Problemstellungen bezüglich der Identifizierung ließe sich hier noch erweitern, beispielsweise wäre zu klären, ob die Kosten für die erworbenen Internet-Domains einzeln zu aktivieren sind oder sie Ingangsetzungs- und Erweiterungskosten des

---

[269] Vgl. *Castedello*, in: Ballwieser/Beyer/Zelger (Hrsg.), Unternehmenskauf, 251 (267).

[270] Vgl. § 266 II HGB.

[271] Vgl. § 246 I S.4 HGB.

[272] Vgl. *Winkeljohann/Deubert,* in: Grottel/Schmidt/Schubert/Winkeljohann (Hrsg.), Bilanz-Kommentar, § 301, Rn. 68.

[273] Vgl. *Winkeljohann/Deubert,* in: Grottel/Schmidt/Schubert/Winkeljohann (Hrsg.), Bilanz-Kommentar, § 301, Rn. 67; *Lüdenbach/Hoffmann/Freiberg* (Hrsg.), Haufe IFRS, § 31, Rn. 86.

[274] Daher ist nach IFRS eine Aktivierung von Wettbewerbsverboten möglich; Vgl. *Hütten/Mojadadr*, in: Ballwieser/Beyer/Zelger (Hrsg.), Unternehmenskauf, 447 (457).

[275] Vgl. *Winkeljohann/Deubert,* in: Grottel/Schmidt/Schubert/Winkeljohann (Hrsg.), Bilanz-Kommentar, § 301, Rn. 67.

Geschäftsbetriebs darstellen, was zu einer Einbringung in den derivativen Geschäfts- oder Firmenwert führen würde.[276]

Auch ganz grundsätzlich betrachtet, verpasst der DRS 24 es, die sinnvoll erscheinende Einführung einer Untergrenze für das Vorliegen von immateriellen Vermögensgegenständen vorzunehmen. So scheint es weder im Rahmen des Einzelabschlusses, noch bei der Kaufpreisallokation praktikabel, kleinste immaterielle Werte aufzuspüren und anzusetzen.[277] Dies würde sowohl dem Grundsatz der Wesentlichkeit, als auch dem Grundsatz der Wirtschaftlichkeit verletzen. Beide sind jedoch fest im HGB verankerte Normen und auch im Einleitungsparagraphen des DRS 24 wird explizit auf das Prinzip der Wesentlichkeit hingewiesen.[278] So wäre beispielsweise eine Mindestwertgrenze zu begrüßen, welche eine Zersprengung des Kaufpreises im Falle eines Unternehmenserwerbs in mikroskopisch kleine Teile verhindern würde. Gleichwohl soll an dieser Stelle erwähnt werden, dass die Aufgabe einer Wertuntergrenze sich als äußerst schwieriges Unterfangen darstellt, da dies sowohl stark branchenbedingt, als auch unternehmensabhängig ist und somit bestmöglich fallspezifisch beurteilt werden sollte.[279]

So zeigt sich, dass viele für die Praxis bestehende Zweifelsfragen hinsichtlich der Identifizierung im Verlaufe der Kapitalkonsolidierung nicht adressiert und demzufolge auch nicht beantwortet werden konnten. Damit bleiben hier erhebliche Ermessensspielräume für Unternehmen bestehen. Stattdessen versteift sich das DRSC auf Auslegungsfragen des Ansatzes, welche hauptsächlich § 248 II HGB betreffen. Sind diese zwar zum Großteil sehr praxisfreundlich gestaltet, besitzen sie keine explizite Relevanz für die Konzernrechnungslegung.[280] Dementsprechend wird ein Großteil der in DRS 24 dargelegten Sachverhalte lediglich über die Handelsbilanz I Einfluss auf die Kaufpreisallokation nehmen.[281]

---

[276] Vgl. *Velte*, Intangible Assets, 179.

[277] Vgl. *Haller/Reinke* (Hrsg.), ZfbF 60/2009, 14; *Rogler/Schmidt/Tettenborn*, KoR 12/2014, 577 (579).

[278] Vgl. *Müller/Schmidt*, Grundsätze ordnungsmäßiger Buchführung nach HGB / 3.7 Wesentlichkeit und Wirtschaftlichkeit, Finance Office Professional, Rz. 20, erhältlich im Internet: https://www.haufe.de/finance/finance-office-professional/grundsaetze-ordnungsmaessiger-buchfuehrung-nach-hgb-37-wesentlichkeit-und-wirtschaftlichkeit_idesk_PI11525_HI9892625.html (besucht am 05. Dezember 2018); DRS 24, Seite 1.

[279] Vgl. *Rogler/Schmidt/Tettenborn*, KoR 12/2014, 577 (579 f.).

[280] Vgl. *Theile*, BBK 13/2016, 658 (662); *Wulf/Lange/Niemöller*, BB 2015, 1835 (1835).

[281] Vgl. *Krimpmann*, Konsolidierung, 50 ff.

Nachdem nun eine detaillierte Betrachtung hinsichtlich des Ansatzes der immateriellen Vermögenswerte stattgefunden hat, soll nun mit der Bewertung fortgefahren werden, welche auch im DRS 24 an die Ansatzvorschriften anschließt.

D. Bewertung

I. Erstbewertung

Beginnend mit den allgemeinen Bewertungsvorschriften, verweist der DRS 24 zuallererst auf die HGB-Vorschriften für die Bewertung von Vermögensgegenständen, welche sinnvollerweise nicht nur für die materiellen, sondern ebenfalls für die hier betrachteten, immateriellen Vermögensgegenstände gelten sollen.[282]
So sind erworbene immaterielle Vermögensgegenstände nach § 253 I S.1 HGB mit den Anschaffungskosten zu bewerten, während der Wert des selbstgeschaffenen immateriellen Vermögens, welches keinem Ansatzverbot unterliegt, nach § 255 IIa iVm. § 255 II HGB bewertet wird.[283] Sinnvollerweise verzichtet der DRS 24 hier auf große Ergänzungen, da dies andernfalls auch Implikationen für die Bewertung materiellen Vermögens mit sich brächte.[284] Zudem zeigen sich diese Vorschriften deckungsgleich mit den internationalen Regelungen nach IAS 38.[285]
Im Rahmen der Anschaffungskosten sind Zuschläge vorzunehmen, falls es zu Nebenkosten kommt, welche in direkter Verbindung zur Anschaffung stehen. Beispiele sind unter anderem Provisionen, Beraterhonorare oder auch Modifikationsaufwendungen, welche nach dem bindenden Erwerbsbeschluss angefallen sind. Nicht dazu zählen jedoch Gemein- oder Finanzierungskosten.[286]
Umfassendere Erläuterungen als in Bezug auf die Anschaffungskosten sind jedoch für die Herstellungskosten von selbsterstellten immateriellen Vermögen nötig.
So sind, wie bereits ausgiebig diskutiert, lediglich Entwicklungskosten in die Herstellungskosten einzubeziehen, nicht jedoch die Forschungsaufwendungen, welche

---

[282] Vgl. DRS 24.73; *Althoff*, BB 34/2016, 2027 (2028).

[283] Vgl. DRS 24.73 f.; *Baetge/Kirsch/Thiele*, Bilanzen (2014), 253.

[284] Vgl. DRS 24.B77.

[285] Vgl. IAS 38.18.

[286] Vgl. *Merkt*, in Baumbach/Hopt (Hrsg.), HGB-Kommentar, § 255, Rn. 2 f.; *Mujkanovic*, StuB 2/2018, 49 (50 f.); *Lüdenbach*, StuB 4/2018, 144 (144); DRS 24.84; DRS 24.88.

stattdessen in der Gewinn- und Verlustrechnung erfolgswirksam erfasst werden.[287] Zudem besteht im Hinblick auf die Zugangsbewertung der Entwicklungskosten auch dahingehend ein Wahlrecht, dass hier entschieden werden kann zwischen der Herstellungskostenuntergrenze, in welcher lediglich die gesetzlich pflichtmäßigen Bestandteile erfasst werden und der Herstellungskostenobergrenze nach § 255 II S.4 HGB, die zusätzlich noch sämtliche Wahlbestandteile enthält.[288] Eine Bestimmung der Grenzen scheint jedoch bei immateriellen Entwicklungsprojekten nur sehr schwer möglich, aufgrund häufig fehlender Marktpreise.[289] Gleichzeitig bringen im Rahmen der Konzernrechnungslegung häufig Verrechnungspreise einen zusätzlichen Spielraum mit sich. Erbringt ein Konzernunternehmen einem weiteren Herstellungsleistungen zur Erstellung eines immateriellen Vermögensgegenstands, so schlagen sich die intern bestimmten, häufig nicht auf Marktpreisen basierenden Verrechnungspreise in den Herstellungskosten des immateriellen Vermögensgegenstands nieder.[290] Dementsprechend wäre hier, aufgrund des unsicheren, nicht auf objektiven Marktverhältnissen beruhenden Charakters der immateriellen Posten, eine Empfehlung zur Bewertung in Höhe der Untergrenze begrüßt wurden.

Sind bereits alle Ansatzvoraussetzungen[291] in der Entwicklungsphase gegeben und ist der betriebsbereite Zustand des beabsichtigten immateriellen Vermögensgegenstands noch nicht erreicht, sind die anfallenden Kosten als nachträgliche Herstellungskosten zu erfassen.[292] Das Erreichen des betriebsbereiten Zustands ist dabei stets abhängig von den Nutzungsabsichten des Unternehmens und spiegelt die Gegebenheit wider, in dem der Bilanzierende den immateriellen Vermögensgegenstand seinem Zweck entsprechend in vollem Umfang nutzen kann.[293]

Zu kritisieren ist in diesem Zusammenhang jedoch die Aussage des DRS 24.86, dass noch nicht im Aufwand erfasste Aufwendungen im Sinne des § 255 II, III HGB, welche in der Berichtsperiode gemacht wurden, in welcher die Entwicklungsphase begonnen hat, in die Herstellungskosten des immateriellen Vermögensgegenstands mit einbezogen werden dürfen. Aufwendungen aus Vorperioden dürfen weiterhin nicht nachaktiviert werden. Durch diese Bestimmungen lässt sich die Höhe des Ansatzes der Entwicklungskosten

[287] Vgl. *Baetge/Kirsch/Thiele*, Bilanzen (2014), 253 f.; *Morck*, in: Koller/Kindler/Roth/Morck (Hrsg.), HGB-Kommentar, § 255, Rn. 12; DRS 24.74.

[288] Vgl. *Hanke*, BC 4/2018, 164 (168); *Gersbacher/Volz*, BC 2/2017, 66 (68).

[289] Vgl. *Moxter*, DB 28/29/2008, 1514 (1517).

[290] Vgl. *Fink/Schultze/Winkeljohann*, Bilanzpolitik, 73.

[291] Vgl. DRS 24.45.

[292] Vgl. DRS 24.86; *Hanke*, BC 4/2018, 164 (165).

[293] Vgl. *Hanke*, BC 4/2018, 164 (165); *Mujkanovic*, StuB 2/2018, 49 (51).

abhängig machen von dem Zeitpunkt und der Frequenz der Berichterstattung, was wenig Sinn ergibt.[294] Grundsätzlich muss auch hinterfragt werden, ob es zur Beseitigung von Zweifelsfragen sinnvoll erscheint den bilanzierenden Unternehmen neue Wahlrechte zuzugestehen. Eine rechtliche Grundlage für dieses wird jedenfalls nicht ersichtlich.[295] Als hauptsächlicher Vorteil der neuen Option lässt sich der verringerte Aufwand nennen, da so nun lediglich an den Bilanzstichtagen die Erfüllung der Ansatzkriterien untersucht werden muss. Nichtsdestotrotz muss gleichzeitig konstatiert werden, dass im Rahmen der Entwicklung immaterieller Vermögensgegenstände ein hohes Maß an Dokumentationspflichten bestehen bleibt.[296]

An dieser Stelle sei auch noch einmal kritisch angemerkt, dass, wie bereits früher im Kapitel D.I. dargestellt, eine genaue Darstellung der Zugangsbewertung für unentgeltlich erworbene, immaterielle Vermögensgegenstände im DRS 24 leider fehlt. Dies wäre besonders im Hinblick auf die in DRS 24.39 ff. festgelegte Ansatzpflicht jener Vermögensgegenstände zu begrüßen gewesen.[297]

Lassen sich Anschaffungskosten nicht genau bestimmen, wie es im Falle von Tauschvorgängen, Einbringungen oder auch bei Unternehmenszusammenschlüssen der Fall ist, so muss auf den beizulegenden Zeitwert zurückgegriffen werden.[298] Der Zeitwert wird dabei mit dem aktuellen Preis des aktiven Marktes gleichgesetzt. Ist dieser Markt nicht verfügbar, müssen anerkannte Methoden zur Bestimmung des Zeitwertes herangezogen werden.[299]

Scheint der Rückgriff auf den beizulegenden Zeitwert im Hinblick auf die erworbenen Vermögensgegenstände noch mehr als gerechtfertigt, so wird dies nach DRS 23 gefordert[300] und ist auch nach den internationalen Rechnungslegungsvorschriften vorgesehen[301], ist die verpflichtende Verwendung des Zeitwerts bei Tausch und Einlage als kritisch zu erachten. So wird im Falle des Tausches vielfach die Möglichkeit der Buchwertfortführung oder auch einer erfolgsneutralen Bilanzierung als zulässig erachtet. Genauso

---

[294] Vgl. *Mujkanovic*, StuB 15/2015, 575 (575 f.); *Mujkanovic*, StuB 2/2018, 49 (52); *Hanke*, BBK 8/2018, 385 (387).

[295] Vgl. *Hoffmann*, StuB 12/2015, 441 (442); *Mujkanovic*, StuB 2/2018, 49 (52).

[296] Vgl. *Küting/Ellmann*, DStR 25/2010, 1300 (1304 f.).

[297] Vgl. *Althoff*, BB 34/2016, 2027 (2028).

[298] Vgl. DRS 24.77; *Landgraf/Herrmann/Heßdörfer*, PiR 10/2018, 285 (287).

[299] Vgl. § 255 IV S.1,2 HGB; DRS 23.64 ff.; DRS 24.79 ff.

[300] Vgl. DRS 23.62 ff.

[301] Vgl. *Köthner*, ZfCM 56/2012, 57 (58 f.); IAS 38.33.

scheint der Zwang zur Verwendung des Zeitwerts bei Einbringung von Vermögensgegenständen auf keiner hinreichenden Meinung basiert zu sein.[302]

Kann eine Bewertung zu aktuellen Marktpreisen häufig als sinnvoll erachtet werden, ist diese in Bezug auf immaterielles Vermögen oft äußerst schwierig, da für diese aufgrund ihrer Einzigartigkeit nur in seltenen Fällen aktive Märkte vorliegen.[303] Dementsprechend müssen die Werte so bestimmt werden, als wären sie unter normalen Geschäftsbedingungen zwischen zwei unabhängigen Marktteilnehmern geschlossen wurden.[304]

Um hier Marktpreise annährend korrekt nachbilden zu können, müssen verlässliche Bewertungsmethoden zu Rate gezogen werden. Diese werden dabei grundsätzlich, sowohl nach deutscher[305], als auch nach internationaler Rechnungslegung[306] in drei, nach Inputfaktoren der Berechnungen differenzierte, Verfahren getrennt: Das marktwertorientierte Verfahren, das kapitalwertorientierte Verfahren, sowie das kostenorientierte Verfahren.[307]

Den einzigen Hinweis, welchen das DRSC zur Ermittlung des beizulegenden Zeitwerts liefert, ist die Anforderung, dass die Entscheidung, welche Bewertungsmethode anzuwenden ist, plausibel, nachvollziehbar und willkürfrei sein muss, jedoch das kostenorientierte Verfahren lediglich heranzuziehen ist, falls weder die marktwertorientierte, noch die kapitalwertorientierte Methode zu einem Ergebnis führen.[308]

Anderweitig erwähnt DRS 24 hinsichtlich fortgeführter, erworbener Forschung und Entwicklung, dass Aufwendungen für Forschungsprojekte nicht aktivierungsfähig sind, während Aufwendungen für Entwicklungsprojekte als nachträgliche Herstellungskosten zu werten sind. Mündet ein fortgeführtes Forschungsprojekt jedoch in die Entwicklungsphase, ist der Buchwert des Forschungsprojekts trotzdem in den Wert des Vermögensgegenstands einzubeziehen.[309] Weitere konkrete Regelungen bezüglich der Erstbewertung erworbener immaterieller Vermögensgegenstände liefert der DRS 24 an dieser Stelle nicht.

---

[302] Vgl. *Mujkanovic*, StuB 15/2015, 575 (575).

[303] Vgl. *Landgraf/Herrmann/Heßdörfer*, PiR 10/2018, 285 (288); *Senger/Brune*, in: Bohl/Riese/Schlüter (Hrsg.), IFRS-Handbuch, § 34, Rn. 114.

[304] Vgl. *Landgraf/Herrmann/Heßdörfer*, PiR 10/2018, 285 (288); BT-Drucksache 16/10067, 61.

[305] Vgl. DRS 23.65ff.; DRS 24.82 ff.; IDW S5, Rn. 18 ff.

[306] Vgl. IFRS 13.72 ff.

[307] Vgl. *Köthner*, ZfCM 56/2012, 57 (58 f.).

[308] Vgl. DRS 24.81 ff.

[309] Vgl. DRS 24.91 ff.

Doch gestaltet sich im Hinblick auf den Wert immaterieller Vermögensgegenstände nicht nur die Erstbewertung häufig als problematisch. Auch erscheint es äußerst schwierig, einen möglichst realitätsnahen Werteverzehr für die substanzlosen Vermögensgegenstände abzubilden. Dementsprechend widmet sich der DRS 24 nun der Folgebewertung.

II. Folgebewertung

Die immateriellen Vermögensgegenstände sind bezüglich ihrer planmäßigen Abschreibung dahingehend zu unterscheiden, ob ihre Nutzungsdauer beschränkt ist oder nicht. Liegt für das immaterielle Vermögen eine beschränkte Nutzendauer vor, verweist DRS 24 auf § 253 III S.1 HGB.[310] Nach diesem sind die Vermögensgegenstände nach der unternehmensindividuellen Nutzungsdauer planmäßig abzuschreiben.
Liegen keine, plausiblen, nachvollziehbaren und willkürlichen Kriterien zur Bestimmung der Nutzungszeit vor, ist nach § 253 III S.3 HGB von einer Nutzungszeit von zehn Jahren auszugehen.[311] Hier findet eine Ausnutzung des nach EU-Richtlinien[312] vorgegebenen Spielraums der Nutzungsdauer statt.[313] Dabei fand im Rahmen des BilRUG eine Verdopplung der bisherigen Regelabschreibung statt, welche gerade im Hinblick auf das Vorsichtsprinzip stark überrascht.[314] Zudem wird bei immateriellen Vermögensgegenständen häufig von einer Kurzlebigkeit dieser ausgegangen, wonach vieles für eine vermutete Nutzungsdauer am unteren Ende des Bemessungsspielraums sprechen würde.[315] Auch zeigt ein Blick auf die Praxis, dass besonders für die schnelllebige Start-Up-Szene ein Ansatz von 10 Jahren zu lang sein dürfte, sind solche Unternehmen doch häufig innerhalb von 10 Jahren schon längst wieder vom Markt verschwunden.[316]
Wird hier zudem eine Brücke zur Bewertung geschlagen, kommt es bei immateriellen Vermögensgegenständen, deren Nutzungsdauer nicht verlässlich geschätzt werden kann,

[310] Vgl. DRS 24.95; *Schubert/Andrejewski*, in: Grottel/Schmidt/Schubert/Winkeljohann (Hrsg.), Bilanz-Kommentar, § 253, Rn. 381.

[311] Vgl. DRS 24.99 f.; *Behrendt-Geisler/Rimmelspacher*, DB 36/2015, 8 (8).

[312] Vgl. EU-RL 2013/34/EU Art. 12 XI Unterabschn. 2.

[313] Vgl. *Behrendt-Geisler/Rimmelspacher*, DB 36/2015, 8 (8); *Zwirner*, StuB 18/2014, 688 (689).

[314] Vgl. *Velte*, NZG 22/2015, 856 (856); *Poll*, in: Häublein/Hoffmann-Theinert (Hrsg.), BeckOK HGB, § 253, Rn. 54.

[315] Vgl. *Mujkanovic*, StuB 20/2014, 751 (752).

[316] Vgl. *Haaker*, StuB 1/2015, 11 (13).

aufgrund der überzogenen Streckung des Nutzens auf zehn Jahre zu einem zu hohen Wertansatz, was demnach auch Auswirkungen auf die Kaufpreisallokation hat.[317]

Einer Antwort schuldig bleibt das DRSC bezüglich der Folgebewertung aktivierter Entwicklungskosten. Es stellt sich dabei die Frage, ob aktivierte Entwicklungskosten, falls sie in einer Folgeperiode nicht mehr alle Ansatzkriterien nach DRS 24.45 erfüllen, außerplanmäßig abgeschrieben werden oder eine ergebniswirksame Ausbuchung vorzunehmen ist. Spricht im Falle eines dauerhaften Wegfalls der Ansatzkriterien zwar vieles für eine Ausbuchung, wäre durch die außerplanmäßige Abschreibung immer noch die Möglichkeit der Wertaufholung nach § 253 V S.1 HGB möglich.[318]

Bezüglich der Abschreibungsmethode ist korrekterweise auf die Methode abzustellen, welche den Verlauf des wirtschaftlichen Wertes des immateriellen Vermögens bestmöglich widerspiegelt, wobei im Zweifelsfalle eine lineare Abschreibung anzuwenden ist.[319] Dies scheint sinnvoll, so ist dies ebenfalls nach IFRS üblich und auch steuerbilanziell ist die lineare Abschreibung die einzig zulässige Methode.[320]

Ist eine zeitlich begrenzte Nutzbarkeit nicht festzustellen, wird von einer planmäßigen Abschreibung abgesehen. Eine zeitlich unbegrenzte Nutzungsdauer bedeutet dabei jedoch nicht, dass von einer endlosen Nutzung ausgegangen werden darf, sondern lediglich, dass das Ende der Nutzung des immateriellen Vermögensgegenstands nicht absehbar ist.[321]

Unabhängig davon, ob von einer begrenzten oder unbegrenzten Nutzung ausgegangen wird, sind außerplanmäßige Abschreibungen nach § 253 III HGB vorzunehmen, falls der am Abschlussstichtag ermittelte beizulegende Zeitwert des Vermögensgegenstands geringer ist als der Buchwert.[322] Hier wird vor allem dem Imparitätsprinzip, als auch dem Niederstwertprinzip Folge getragen.[323] Als besonders positiv ist hier zu erachten, dass erstmals Im Rahmen des DRS 24 eine gesetzliche Definition der „dauerhaften Wertminderung“ vorgenommen wurde. So wird von einer dauerhaften Minderung gesprochen,

---

[317] Vgl. *Velte*, NZG 22/2015, 856 (858).

[318] Vgl. *Gelhausen/Fey/Kämpfer*, Rechnungslegung nach BilMoG, § 253, Rn. 111 ff.; *Schubert/Andrejewski*, in: Grottel/Schmidt/Schubert/Winkeljohann (Hrsg.), Bilanz-Kommentar, § 253, Rn. 382.

[319] Vgl. DRS 24.102.

[320] Vgl. *Rohleder*, DB 29/2016, 1645 (1650f.); *Busch/Zwirner* IRZ 11/2014, 415 (415); *Winnefeld*, Bilanz-Handbuch, Kapitel E, Rn. 1026; § 7 I S.1,2 EStG.

[321] Vgl. *Schubert/Andrejewski*, in: Grottel/Schmidt/Schubert/Winkeljohann (Hrsg.), Bilanz-Kommentar, § 253, Rn. 382; DRS 24.109.

[322] Vgl. *Wulf/Lange/Niemöller*, BB 2015, 1835 (1837); DRS 24.112; *Ruhnke/Schmiele/Sanyang*, Der Betrieb 51/52/2009, 2725 (2725).

[323] Vgl. *Ozan*, Bilanzierung, 26.

wenn diese aller Voraussicht nach über die Hälfte der Restnutzungszeit, oder mehr als fünf Jahre bestehen bleibt.[324] Mit der Wahl der Fünf-Jahres-Grenze wird hier nun zudem der Kurzlebigkeit immateriellen Vermögens entsprochen.[325]
Wurde eine außerplanmäßige Abschreibung vorgenommen, besteht am Bilanzstichtag die Pflicht zur Prüfung, ob die Voraussetzungen der außerplanmäßigen Abschreibung immer noch gegeben sind. Können die Gründe zur außerplanmäßigen Abschreibung zu diesem Zeitpunkt nicht mehr festgestellt werden, ist eine Zuschreibung vorzunehmen. Die Wertaufholung soll dabei zum Ansatz des beizulegenden Zeitwerts führen, jedoch entspricht der höchstzulässige Wert, deckungsgleich zu den Regelungen des IASB[326], den fortgeführten Anschaffungs- oder Herstellungskosten.[327]

III. Verpasste Chancen hinsichtlich der Bewertung

Werden die Aussagen des DRS 24 hinsichtlich der Bewertung erworbener immaterieller Vermögensgegenstände im Rahmen eines Unternehmenszusammenschlusses betrachtet, beschränken sich diese, wie bereits dargestellt, auf die Anforderungen an das gewählte Bewertungsverfahren, sowie die Vorgabe, kostenorientierte Bewertungsmethoden nur zu verwenden, falls keine anderen Alternativen möglich sind.[328] Außer dieser zwei relativ kurz gehaltenen Anmerkungen schafft es der Standard jedoch wieder nicht, bestehende Zweifelsfragen im Zusammenhang mit der Ermittlung des beizulegenden Zeitwerts zu adressieren.[329] Dies ist sehr zu bedauern, stellt die Bewertung neben dem Ansatz doch den zweiten Schwerpunkt im Hinblick auf die Erfassung immateriellen Vermögensgegenstände bei einer Kapitalkonsolidierung dar.[330] Die bilanzpolitischen Folgen der Bewertung der immateriellen Vermögensgegenstände spiegeln sich dabei insbesondere in den Abschreibungsbeträgen des immateriellen Vermögens wider, sowie in dem durch die Kaufpreisallokation ermittelten Geschäfts- oder Firmenwert. Eine detailliertere Hilfestellung hinsichtlich der Bewertungsmethoden erscheint auch daher von Nöten, da, wie im

---

324 Vgl. *Wulf/Lange/Niemöller*, BB 2015, 1835 (1837); DRS 24.113.

325 Vgl. *Mujkanovic*, StuB 20/2014, 751 (754).

326 Vgl. IAS 36.117.

327 Vgl. *Landgraf/Herrmann/Heßdörfer*, PiR 10/2018, 285 (292); DRS 24.112 ff.

328 Vgl. DRS 24.81 f.

329 Vgl. Hoffmann, StuB 7/2016, 245 (246); *Wulf/Lange/Niemöller*, BB 2015, 1835 (1835).

330 Vgl. *Moser*, Finanz Betrieb 11/2008, 732 (732); *Bissinger/Dornbauer/Schneemann*, Corporate Finance biz 4/2010, 240 (241).

Folgenden noch näher dargestellt, die einzelnen Methoden äußerst vielfältig sind und oftmals einer ganzen Reihe von Annahmen bedürfen.[331]
Zudem sind die meisten Bewertungsmethoden nicht nur sehr aufwendig in ihrer Durchführung, sondern dabei gleichzeitig auch mit hohen Kosten verbunden.[332]
Da für viele immaterielle Vermögensgegenstände grundsätzlich unterschiedliche Bewertungsverfahren anwendbar sind, wäre hier zuallererst einmal eine Empfehlung des DRS 24 wünschenswert gewesen, für welche immateriellen Vermögenswerte, beziehungsweise auch zusammengefasste Vermögensgruppen, welche Bewertungsverfahren, oder auch noch genauer Bewertungstechniken, anzuwenden wären.[333]
Die einzelnen Verfahren unterscheiden sich dabei hinsichtlich ihrer Indikatoren, nach welchen sie den beizulegenden Zeitwert ermitteln. Dabei gilt grundsätzlich, dass die Variante zu bevorzugen ist, welche die vermeintlich objektivste Bewertung gewährleistet.[334]
Dementsprechend könnte die Auflistung der möglichen Bewertungsverfahren durchaus als Rangfolge hinsichtlich des Objektivierungsgrades interpretiert werden. So gilt auch nach den internationalen Regelungen, welche hier eine konkrete Hierarchie für Inputfaktoren erstellen, dass bevorzugt auf aktuelle Marktpreise bei der Bewertung zurückzugreifen ist, falls diese verfügbar sind.[335]
Daher zeigt sich das marktpreisorientierte Verfahren als bestmöglicher Ansatz zur Ermittlung des beizulegenden Zeitwerts, werden hier doch Markt- oder Börsenpreise aktiver Märkte[336] von Vermögensgegenständen mit identischen Charakterzügen, wie der zu betrachtende Vermögensgegenstand, zur Bewertung verwendet.[337] Problematisch ist dabei zum einen, dass die dafür nötigen aktiven Märkte nur in seltenen Fällen verfügbar sind, und es besonders im Hinblick auf immaterielle Vermögensgegenstände aufgrund ihrer Einzigartigkeit häufig an identischen Gütern mangelt.[338] Mögliche Techniken der

---

331 Vgl. *Leibfried/Fassnacht*, KoR 1/2017, 57 (57).

332 Vgl. *Landgraf/Herrmann/Heßdörfer*, PiR 10/2018, 285 (292).

333 Vgl. *Theile*, BBK 13/2016, 658 (659).

334 Vgl. *Haller/Reinke* (Hrsg.), ZfbF 60/2009, 34 f.; *Köthner*, ZfCM 56/2012, 58 f.

335 Vgl. IFRS 13.76-80.

336 Auf aktiven Märkten werden homogene Güter gehandelt, wobei jederzeit Käufer und Verkäufer verfügbar sind und Preis öffentlich zugänglich; vgl. *Haller/Reinke* (Hrsg.), ZfbF 60/2009, 35.

337 Vgl. *Haller/Reinke* (Hrsg.), ZfbF 60/2009, 34f.

338 Vgl. *Köthner*, ZfCM 56/2012, 58 f.; *Senger/Brune*, in: Bohl/Riese/Schlüter (Hrsg.), IFRS-Handbuch, § 34, Rn. 114.

marktpreisorientierten Bewertung sind unter anderem die Analogie-Methode und die Multiplikatoren-Methode.[339]

Sind keine vergleichbaren Marktpreise ermittelbar, wird eine kapitalwertorientierte Ermittlung des beizulegenden Zeitwerts empfohlen.[340] Hier wird der beizulegende Zeitwert anhand der künftig erwarteten Zahlungsströme ermittelt.[341] Diese Methode bietet eine Vielzahl möglicher Bewertungstechniken und stellt im Rahmen immaterieller Vermögensgegenstände das am häufigsten angewandte Verfahren dar.[342]

Sollten erstgenannte Verfahren nicht anwendbar sein, soll, wie bereits dargestellt, die kostenorientierte Methode angewandt werden. Dass dieses Verfahren als nachrangig eingestuft wird, liegt vor allem ihrer fehlenden Nutzen- und Zukunftsorientierung. Als vorwiegende Techniken sind hier die Reproduktionskosten- und Wiederbeschaffungskostenmethode.[343]

Zeigt sich die Eingrenzung auf eine der Bewertungsmethoden noch abhängig von den verfügbaren Informationen bezüglich des immateriellen Vermögensgegenstands, ist diese nicht als allzu schwierig zu werten. An dieser Stelle soll jedoch erwähnt werden, dass auch „hybrid approaches" möglich sind[344], welche sich aus zwei der erwähnten Methoden zusammensetzen. Zusätzlich sind im Rahmen bestimmter immaterieller Vermögenswerte Bewertungsmethoden möglich, die gänzlich andere Kriterien zur Bewertung heranziehen. So lassen sich Bewertungstechniken von Marken in einstufige und zweistufige Methoden unterteilen. Stellen sich die einstufigen noch als die in DRS 24 erwähnten, auf ökonomischen Daten basierenden, Techniken dar[345], basieren letztere auf verhaltenswissenschaftlichen Aspekten und ermitteln beispielsweise den Wert einer Marke anhand von Zielgrößen, wie Markenbindung oder Markenloyalität.[346]

Leider wurden weder hybride Bewertungsmethoden, noch verhaltenstechnisch orientierte Techniken im DRS 24 erwähnt, weshalb unklar bleibt, ob ihre Anwendung gestattet ist.

---

[339] Vgl. *Bissinger/Dornbauer/Schneemann*, Corporate Finance biz 4/2010, 240 (242).

[340] Vgl. *Senger/Brune*, in: Bohl/Riese/Schlüter (Hrsg.), IFRS-Handbuch, § 34, Rn. 115.

[341] Vgl. *Fink/Schultze/Winkeljohann*, Bilanzpolitik, 78; *Haller/Reinke* (Hrsg.), ZfbF 60/2009, 35.

[342] Vgl. *Haller/Reinke* (Hrsg.), ZfbF 60/2009, 34.

[343] Vgl. Ebenda, 34.

[344] Beispiel ist hier die Relief from Royalty-Methode, welche je nach Ausprägung sowohl der marktwert-, als auch der kapitalwertorientierten Methode zugeordnet werden kann; Vgl. *Moser/Goddar*, Finanz Betrieb 10/2007, 594 (595).

[345] Beispielsweise Lizenzpreisanalogie oder Herstellungskostentechnik.

[346] Vgl. *Haller/Reinke* (Hrsg.), ZfbF 60/2009, 51 f.

Wie bereits aufgezeigt, bietet jedes Verfahren eine größere Zahl an Techniken zur Bewertung. Deren Auswahl und Anwendung stellt die bilanzierenden Unternehmen immer wieder vor Anwendungsfragen. Hier wäre eine Bestimmung der Techniken für konkrete Fälle, sowie die Beantwortung genauer Durchführungsfragen zu befürworten gewesen um den Bilanzierenden die Anwendung zu erleichtern und gleichzeitig eine möglichst HGB-konforme Berechnung des Geschäft- oder Firmenwerts zu gewährleisten.[347]

So wäre prinzipiell eine Klarstellung vom DRSC wünschenswert, ob die Bewertung von immateriellen Vermögensbündeln gestattet ist. Zwar gilt grundsätzlich, dass jeder Vermögensgegenstand einzeln zu bewerten sei, jedoch zeigt die Würdigung des DRS 24 bezüglich des Ansatzes, dass sich das DRSC der Problemfälle bewusst ist, in welchen immaterielle Vermögensgegenstände nur kombiniert verwertet werden können.[348] Demnach scheint auch für dieses zusammenhängende Vermögensbündel eine einzelne Bewertung denkbar.[349] Auch scheint dieses Vorgehen insbesondere bei der Bewertung von diversen vertraglichen Beziehungen zu einem Kunden sinnvoll, besitzen diese doch auch durch die vom Unternehmen durchgeführte Pflege der Kundenbeziehung eine Abhängigkeit voneinander.[350] Demzufolge muss jedoch im Zweifelsfalle von der Bewertung des Vermögensbündels, aufgrund fehlender Darstellung im Standard, abgeraten werden, auch wenn eine Bündelung in konkreten Praxisfällen als vorteilhaft einzustufen wäre.

Wird nun die Bewertung immateriellen Vermögens im Rahmen der marktpreisorientierten Verfahren betrachtet, so verweist DRS 24 konkret auf die Analogiemethode.[351] Nach dieser soll der Wert des immateriellen Vermögensgegenstands anhand des Transaktionspreises eines vergleichbaren Vermögensgegenstands auf einem aktiven Markt bewertet werden.[352] In diesem Zusammenhang wäre vor allem eine nähere Definition der Vergleichbarkeit wünschenswert gewesen. So ist hier eine Vielzahl von Faktoren für die Vergleichbarkeit möglich. Daher wäre es von Vorteil bestimmte Schlüsselfaktoren festzulegen, ob für konkrete Branchen oder allgemein, welche die nötige Vergleichbarkeit gewähren können.[353] Hier bestünde ansonsten die Gefahr, dass lediglich subjektiv erachtet,

---

[347] Vgl. *Theile*, BBK 13/2016, 658 (659).

[348] Vgl. DRS 24.22.

[349] Vgl. IDW S 5, Rn. 12.

[350] Vgl. *Castedello*, in: Ballwieser/Beyer/Zelger (Hrsg.), Unternehmenskauf, 251 (277).

[351] Vgl. DRS 24.82.

[352] Vgl. *Köthner*, ZfCM 56/2012, 57 (58).

[353] Vgl. *Bissinger/Dornbauer/Schneemann*, Corporate Finance biz 4/2010, 240 (243); *Beyer/Zwirner*, in: Ballwieser/Beyer/Zelger (Hrsg.), Unternehmenskauf, 187 (193).

ähnliche Vermögenswerte, die Bewertung eines immateriellen Vermögensgegenstandes maßgeblich beeinflussen können.

In diesem Zusammenhang wäre ebenfalls die genaue begriffliche Bestimmung des „aktiven Marktes" nötig gewesen, ähnlich der des IDW S 5, da dieser die bestmögliche Schätzung von Preisen ermöglicht.[354] Zwar erwähnt der DRS 24 diesen IDW-Standard[355], jedoch lässt dies noch lange nicht darauf schließen, dass dessen Bestimmungen auch für sämtliche HGB-Anwender maßgeblich sei.

Besonders im Hinblick der kapitalwertorientierten Methoden wären Hilfestellungen bei der Durchführung diverser Techniken hilfreich gewesen, stellen diese sich doch als in der Praxis am häufigsten angewandte Methoden dar und bedürfen einer Vielzahl von Annahmen.[356]

Da der Fair Value hier als Barwert der künftigen Zahlungsüberschüsse definiert wird, sind die Hauptaufgaben im Rahmen der kapitalwertorientierten Methode die Ermittlung der mit dem immateriellen Vermögensgegenstand verbundenen Zahlungsüberschüsse, auch Cash-Flows genannt, des Diskontierungszinses, sowie der Nutzungsdauer.[357]

Wird die Berechnung des Diskontierungszinses betrachtet, wären hier Aussagen zu dieser daher sinnvoll gewesen, da verschiedene Berechnungsverfahren zu unterschiedlichen Ergebnissen führen können. So ist es möglich hier eine Risikoadjustierung des Diskontierungszinses aufgrund der Ungewissheit künftiger Cash-Flows vorzunehmen. Anderweitig wäre aber auch die Möglichkeit gegeben, das Risiko in den zukünftigen Cash-Flows selbst zu berücksichtigen.[358] Gleichzeitig ist bei der Ermittlung des Diskontierungszinses von den Kapitalkosten des Unternehmens auszugehen. Diese werden dabei häufig aus den gewichteten durchschnittlichen Kosten des Kapitals errechnet, kurz WACC[359]. Hier zeigt sich ein weiterer Spielraum, so können sich die Parameter zur Errechnung der Kapitalkosten entweder aus Sicht des Unternehmens, bei welchem sie für Zahlungsströme sorgen, errechnen lassen. Gleichzeitig kann dies jedoch unabhängig vom bilanzierenden

---

[354] Vgl. IDW S 5, Rn. 20; *Beyer/Zwirner*, in: Ballwieser/Beyer/Zelger (Hrsg.), Unternehmenskauf, 187 (193).

[355] Vgl. DRS 24.B83.

[356] Vgl. *Haller/Reinke* (Hrsg.), ZfbF 60/2009, 34; *Beyer/Zwirner*, in: Ballwieser/Beyer/Zelger (Hrsg.), Unternehmenskauf, 187 (206 ff.); *Theile*, BBK 13/2016, 658 (659).

[357] Vgl. *Bissinger/Dornbauer/Schneemann*, Corporate Finance biz 4/2010, 240 (244); *Haller/Reinke* (Hrsg.), ZfbF 60/2009, 35; *Klamar/Linnig*, KoR 5/2016, 223 (223).

[358] Vgl. *Beyer/Zwirner*, in: Ballwieser/Beyer/Zelger (Hrsg.), Unternehmenskauf, 187 (208).

[359] Kurz für „Weighted Average Cost of Capital", zusammengesetzt aus Kosten der Eigenkapitalgeber und Fremdkapitalgeber, gewichtet nach den jeweiligen Anteilen am Gesamtkapital; Vgl. *Moser/Goddar*, Finanz Betrieb 10/2007, 594 (606).

Unternehmen erfolgen, durch Hinzunahme einer Gruppe von vergleichbaren Unternehmen, kurz Peergroup. Dementsprechend würden sich die Kapitalkosten an der Kapitalstruktur jener Peergroup orientieren, was zwangsläufig zu anderen Ergebnissen führen würde.[360] Auch wäre eine Leitlinie zur Anwendung pauschaler Risikozuschläge auf die Gesamtkapitalkosten des Unternehmens von Vorteil gewesen, findet diese doch stark vereinfachte Risikoberücksichtigung in der Praxis häufig Anwendung, wobei hier oft fraglich ist, ob die Risiken immaterieller Vermögensgegenstände korrekt dargestellt werden.[361] Anhand dieser Ausführungen wird deutlich, dass bereits im Rahmen der Kapitalisierungszinsermittlung den Unternehmen eine Vielzahl an Bewertungsspielräumen geboten wird, die durch Anwendungshinweise im DRS 24 hätten vermieden werden können.

Auch in Bezug auf die anzusetzende, unternehmensindividuelle Nutzungsdauer zur Bewertung der immateriellen Vermögensgegenstände wären konkretere Hinweise sinnvoll gewesen. Denkbar wäre hier eine Auflistung möglicher immaterieller Vermögensgegenstände, für welche die Hinzunahme der ewigen Rente grundsätzlich in Betracht kommen könnte. Die dafür notwendige Voraussetzung in Form einer unbegrenzten, unternehmensindividuellen Nutzungsdauer ist dabei im DRS 24 nur unzureichend ausformuliert. Es wird lediglich darauf abgestellt, dass diese nur in Ausnahmefällen vorhanden ist. Wie sich diese Fälle gestalten, bleibt jedoch größtenteils unerwähnt.[362] So wird beispielsweise im Falle erworbener Marken die Hinzunahme der ewigen Rente diskutiert. Bieten zwar mit bestimmten Produkten verknüpfte Marken häufig noch viele Ansatzpunkte zur Bestimmung einer konkreten Nutzungsdauer, spricht besonders im Rahmen von Dachmarken aufgrund einer konstanten Erneuerung der innewohnenden Vermögensgegenstände einiges für eine unbestimmte Nutzungsdauer und somit für die Berücksichtigung der ewigen Rente.[363]

Zudem wären für die Berechnung der Nutzendauer neben der Nennung konkreter Faktoren, wie in DRS 24.98, auch eine Reihenfolge dieser zu nennen gewesen, welche bevorzugt zur Bestimmung verwendet werden sollten oder gleichzeitig auch ein Verbot für ungeeignete Parameter. So bietet beispielsweise die Berechnung des Nutzungszeitraums von Kundenbeziehungen eine Vielzahl an möglichen Ansatzpunkten. Hier kann dabei

[360] Vgl. *Moser/Goddar*, Finanz Betrieb 10/2007, 594 (606).

[361] Vgl. *Castedello*, in: Ballwieser/Beyer/Zelger (Hrsg.), Unternehmenskauf, 251 (259).

[362] Vgl. DRS 24.106 ff.

[363] Vgl. *Beyer/Zwirner*, in: Ballwieser/Beyer/Zelger (Hrsg.), Unternehmenskauf, 187 (207); *Haller/Reinke* (Hrsg.), ZfbF 60/2009, 34; *Greinert*, BB 9/2004, 483 (486).

sowohl auf rechtliche oder vertragliche Eigenschaften zurückgegriffen werden, als auch auf Produktlebenszyklen oder auf Kennziffern, welche auf Vergangenheitsanalysen basieren.[364] Wäre so noch eine Beschränkung auf die rechtliche Laufzeit als Obergrenze denkbar gewesen, stellt der DRSC klar, dass die für die Berechnung des Zeitraums maßgebliche unternehmensindividuelle Nutzdauer auch länger beziehungsweise kürzer als die rechtlichen Gegebenheiten sein darf.[365] Auch wären konkrete Zeitraumbeschränkungen, oder zumindest Empfehlungen, bestimmter erworbener, immaterieller Vermögensgegenstände aufgrund der erheblichen Schwierigkeiten, welche die Nutzungsdauerbewertung nach sich zieht, denkbar gewesen.[366] So zeigen Forschungen, dass einfache Marken eine Nutzungsdauer von nicht mehr als sechs Jahren aufweisen.[367] Bei Branchen mit schnellem Entwicklungsfortschritt wird sogar von einer noch geringeren Höchstnutzungsdauer ausgegangen.[368] Aufgrund fehlender Konkretisierungen und der Vielzahl an aufgezeigten Kriterien kommt es zu einer beachtenswerten Spanne möglicher Nutzungszeiträume, welche keinen geringen Einfluss auf die Bewertung des immateriellen Vermögensgegenstands nach sich ziehen.[369] Für weitere Bestimmungen des DRS 24 im Hinblick auf die Nutzdauer immaterieller Vermögensgegenstände sei dabei auf die Betrachtung der Folgebewertung in Kapitel D.II. verwiesen.

Wird die Ermittlung der Zahlungsüberschüsse betrachtet, weisen die verschiedenen Techniken der kapitalwertorientierten Methode unterschiedliche Herangehensweisen auf, um den anzusetzenden Wert zu ermitteln. Unterschieden werden dabei sowohl in der Praxis, als auch übereinstimmend in DRS 24.82, vier Methoden: Die unmittelbare Cash-Flow-Prognose, die Mehrgewinnmethode, Lizenzpreisanalogie, sowie die Residualwertmethode.[370]

Wie bereits angedeutet, wäre in diesem Zusammenhang eine Empfehlung vorteilhaft, die verschiedenen immateriellen Vermögensgegenständen bestimmte Bewertungstechniken

---

[364] Vgl. *Castedello*, in: Ballwieser/Beyer/Zelger (Hrsg.), Unternehmenskauf, 251 (277); *Holzamer*, Shareholder-Value-Management, 40 ff.; DRS 24.97 f.; *Klamer/Linnig*, KoR 5/2016, 223 (223).

[365] Vgl. DRS 24.96.

[366] Vgl. *Hennrichs*, DB 11/2008, 537 (541); *Landgraf/Herrmann/Heßdörfer*, PiR 10/2018, 285 (292).

[367] Vgl. *Greinert*, BB 9/2004, 483 (483f.); *Landgraf/Herrmann/Heßdörfer*, PiR 10/2018, 285 (290).

[368] Beispielsweise geht man bei Software-Entwicklungen von einer Nutzungsdauer von maximal 3 Jahren aus; Vgl. *Winnefeld*, Bilanz-Handbuch, Kapitel E, Rn. 1025.

[369] Vgl. *Castedello*, in: Ballwieser/Beyer/Zelger (Hrsg.), Unternehmenskauf, 251 (277); *Holzamer*, Shareholder-Value-Management, 40 ff.

[370] Vgl. *Haller/Reinke* (Hrsg.), ZfbF 60/2009, 35.

zuweist.[371] So sind beispielsweise bei der Bewertung von erworbenen Technologien die Lizenzpreisanalogie, die Mehrgewinn- oder ebenfalls die Residualwertmethode denkbar[372], gleichzeitig werden zur Bewertung von erworbenen Marken sowohl die Mehrgewinnmethode, als auch die Lizenzpreisanalogie empfohlen.[373] Da die unterschiedlichen Methoden nicht zwangsläufig zu gleichen Bewertungsergebnissen führen müssen, bietet sich den Unternehmen hier aktiv die Möglichkeit, Einfluss auf die Bewertung der Vermögensgegenstände zu nehmen.

Doch auch bezüglich der Durchführung der Bewertungstechniken selbst wären Hinweise sinnvoll gewesen. Wird die Lizenzpreisanalogie betrachtet, so werden die Zahlungsüberschüsse aus fiktiven Lizenzzahlungen ermittelt, welche anzusetzen wären, wenn sich der zu bewertende Vermögensgegenstand nicht im Eigentum des bilanzierenden Unternehmens befinden würde.[374] Die fiktiven Lizenzraten werden dabei aus bestehenden Datenbanken[375] entnommen. Zeigt sich dieses Vorgehen zwar als relativ einfach, bietet es jedoch häufig auch eine große Spannbreite der Lizenzraten.[376] Hier hätte das DRSC nötige Vorkehrungen treffen können um ansetzbare Lizenzraten einzuschränken. Denkbar wäre hier insbesondere die zwanghafte Anwendung des Scoring-Modells zu fordern. Nach diesem werden beispielsweise wirtschaftliche, rechtliche, aber auch verhaltenswissenschaftliche Aspekte des immateriellen Vermögens analysiert und dann zur Einschränkung der Lizenzspanne verwendet.[377]

Und auch im Rahmen der Residualwertmethode stellen sich dem Bilanzierenden viele Anwendungsfragen. Nach dieser Methode werden von Zahlungsüberschüssen des Unternehmens die Anteile von unterstützenden Vermögensgegenständen abgezogen um den verbleibenden Teil als Zahlungsüberschuss des zu bewertenden immateriellen Vermögensgegenstands zu identifizieren.[378] Dabei wären hier Antworten auf Fragen hilfreich gewesen, wie: Wie wird der Geschäfts- oder Firmenwert als unterstützender

[371] Vgl. *Theile*, BBK 13/2016, 658 (659).

[372] Vgl. *Haller/Reinke* (Hrsg.), ZfbF 60/2009, 70; *Castedello*, in: Ballwieser/Beyer/Zelger (Hrsg.), Unternehmenskauf, 251 (268).

[373] Vgl. *Haller/Reinke* (Hrsg.), ZfbF 60/2009, 52; *Castedello*, in: Ballwieser/Beyer/Zelger (Hrsg.), Unternehmenskauf, 251 (59 ff.).

[374] Vgl. *Landgraf/Herrmann/Heßdörfer*, PiR 10/2018, 285 (289).

[375] Häufig unter anderem geführt von Beratungsgesellschaften, die in der jeweiligen Branche tätig sind; Vgl. *Brösel/Kasperzak*, Internationale Rechnungslegung, 241.

[376] Vgl. *Beyer/Zwirner*, in: Ballwieser/Beyer/Zelger (Hrsg.), Unternehmenskauf, 187 (208 f.).

[377] Vgl. *Landgraf/Herrmann/Heßdörfer*, PiR 10/2018, 285 (289).

[378] Vgl. *Beyer/Zwirner*, in: Ballwieser/Beyer/Zelger (Hrsg.), Unternehmenskauf, 187 (211 f.).

Vermögensgegenstand berücksichtigt?[379] Sind andere Werte, wie der Mitarbeiterstamm, als unterstützende Werte zu berücksichtigen, obwohl sie ansonsten in der Bilanz keine Berücksichtigung finden?[380] Oder auch: Wie sind Erhaltungs- und Verbesserungsaufwendungen für den zu bewertenden Vermögensgegenstand zu ermitteln und einzubeziehen?[381] Infolgedessen zeigt sich wieder einmal ein großes Bedürfnis nach Anwendungsbeispielen konkreter Probleme durch den Gesetzgeber zur konsistenten Bewertung des immateriellen Vermögens. Jedoch enttäuscht der DRS 24 hier abermals mit fehlenden Hilfestellungen.
Anders als bei den marktwertorientierten und kapitalwertorientierten Methoden wird bei der kostenorientierten Bewertung steht nicht der zukünftige Erfolgsbeitrag im Mittelpunkt, sondern viel mehr die vergangenheitsbezogenen Herstellungs- und Beschaffungskosten.[382] Zurechterweise bemisst DRS 24 diesem Verfahren die geringste Bewertungsverlässlichkeit zu[383], muss doch die Logik der im Rahmen der Kostenorientierung verwendeten Ursache-Wirkungs-Beziehung stark hinterfragt werden. So führen hohe Entwicklungsausgaben nicht zwangsläufig auch zu einem hohen zukünftigen Nutzungspotential.[384]
Es wird ersichtlich, dass die kostenorientierten Bewertungstechniken keine Berücksichtigung des Risikos der zukünftigen Zahlungsströme des immateriellen Vermögensgegenstands vornehmen. Um hier Abhilfe zu schaffen, wäre beispielsweise die Forderung des DRSC nach einem adäquaten Gewinnaufschlag wünschenswert gewesen, welcher die Risiken der Entwicklung immateriellen Vermögens zum Ausdruck bringt. Vorbildhaft sei hier auf die steuerliche Kostenaufschlagsmethode verwiesen, welcher auf diese Weise eine Risikoberücksichtigung gelingt.[385]
Eine nicht unwichtige Fragestellung, welche insbesondere die kapitalwertorientierten und kostenorientierten Techniken[386] betrifft, ist die Berücksichtigung der

[379] Vgl. *Haller/Reinke* (Hrsg.), ZfbF 60/2009, 35 f.

[380] Vgl. Ebenda, 41 f.

[381] Vgl. *Bissinger/Dornbauer/Schneemann*, Corporate Finance biz 4/2010, 240 (247 f.).

[382] Vgl. *Reichl*, Konzern, 127.

[383] Vgl. DRS 24.83.

[384] Vgl. *Beyer/Zwirner*, in: Ballwieser/Beyer/Zelger (Hrsg.), Unternehmenskauf, 187 (220 f.).

[385] Vgl. *Reichl*, Konzern, 127.

[386] Bei der marktorientierten Methode ist der Steuervorteil bereits im Marktpreis berücksichtigt; Vgl. *Ruhnke/Müller/Idà*, KoR 4/2017, 153 (153).

abschreibungsbedingten Steuervorteile, auch als TAB[387] bezeichnet, im beizulegenden Zeitwert.[388] Hier wird davon ausgegangen, dass sich für den Erwerber des immateriellen Vermögensgegenstandes steuerliche Vorteile ergeben werden aufgrund der damit verbundenen künftigen Abschreibungen.[389] Aufgrund der im HGB verankerten Einzelerwerbsfiktion spricht hier vieles für die Berücksichtigung des TAB, so wird auch im tatsächlichen Falle eines Einzelerwerbs dieser Vorteil von einem Erwerber ins Kalkül gezogen.[390] Zudem wird die Berücksichtigung des Steuervorteils häufig damit begründet, dass diese auch international die übliche Vorgehensweise darstelle. Eine genauere Betrachtung zeigt jedoch, dass dies nicht der Fall ist.[391] Gleichzeitig wird in der Praxis deutlich, dass der Erwerber des Vermögensgegenstands in immer weniger Fällen bereit ist, dem Verkäufer die resultierenden Verlustvorträge durch eine Anhebung des Marktpreises zu vergüten. Der Hauptgrund dafür wird in der Unsicherheit möglicher Steuervorteile gesehen.[392] Es wird deutlich, dass hier kein Konsens besteht, ob ein Ansatz des TAB erfolgen soll. Aufgrund einer fehlenden Klarstellung des DRSC bleibt so zweifelhaft, ob aufwendig Einzelfallprüfungen erfolgen sollen, wie sie bei kostenorientierten Methoden häufig gefordert werden[393], oder pauschal eine Berücksichtigung erfolgen beziehungsweise ausbleiben solle. Dass dieser Ermessensspielraum vom DRS 24 nicht im Geringsten gewürdigt wurde, scheint daher mehr als schade, da dieser doch von großer Bedeutung sein kann. So kann der TAB bis zu 30 Prozent des Wertes eines immateriellen Vermögensgegenstands ausmachen, was demzufolge auch großen Einfluss auf die Kaufpreisallokation hat.[394] Insofern muss auch hier von einer verpassten Chance des DRS 24 gesprochen werden.

Gleichzeitig wären neben der Konkretisierung der Bewertungsverfahren und -techniken auch Lösungen bestimmter spezifischer Problemfälle begrüßt wurden. So ist beispielsweise im Rahmen des Unternehmenserwerbs fraglich, ob bei einem Rückerwerb von

---

[387] Kurzform für "Tax Amortization Benefit"; Vgl. *Moser*, Finanz Betrieb 11/2008, 732 (735).

[388] Vgl. *Beyer/Zwirner*, in: Ballwieser/Beyer/Zelger (Hrsg.), Unternehmenskauf, 187 (221 f.); *Buschhüter/Striegel (Hrsg.)*, IFRS-Kommentar, IAS 38, Rn. 68.

[389] Vgl. *Beyer/Zwirner*, in: Ballwieser/Beyer/Zelger (Hrsg.), Unternehmenskauf, 187 (221); *Ruhnke/Müller/Idà*, KoR 4/2017, 153 (153).

[390] Vgl. *Beyer/Zwirner*, in: Ballwieser/Beyer/Zelger (Hrsg.), Unternehmenskauf, 187 (221); *Scherrer*, Konzernrechnungslegung, 150.

[391] Vgl. *Ruhnke/Müller/Idà*, KoR 4/2017, 153 (154).

[392] Vgl. *Kasperzak/Nestler*, DB 9/2007, 473 (475 f.).

[393] Vgl. *Ruhnke/Müller/Idà*, KoR 4/2017, 153 (155); *Beyer/Zwirner*, in: Ballwieser/Beyer/Zelger (Hrsg.), Unternehmenskauf, 187 (222); *Kasperzak/Nestler*, DB 9/2007, 473 (478); *Kasperzak/Nestler*, Immaterielles Vermögen, 136.

[394] Vgl. *Kasperzak/Nestler*, DB 9/2007, 473 (473); *Ruhnke/Müller/Idà*, KoR 4/2017, 153 (153).

Lizenzen, welche dem erworbenen Unternehmen veräußert wurden, eine bestehende Verlängerungsoption zur Bestimmung des beizulegenden Zeitwerts Berücksichtigung finden sollte. Wird der IFRS 3 betrachtet, so ist eine Berücksichtigung ausgeschlossen, um zu verhindern, dass durch die vom bilanzierenden Unternehmen selbsterstellte, unbegrenzte Verlängerungsmöglichkeit keine planmäßige Abschreibung mehr möglich ist.[395] Gleichzeitig würde bei Berücksichtigung der unbegrenzten Verlängerungsoption von einer unbestimmten Nutzungsdauer ausgegangen werden müssen, welche bei der Bewertung folglich zur Verwendung der ewigen Rente führt.[396]

Es bleibt festzuhalten, dass auch im Hinblick auf die Bewertung von immateriellen Vermögensgegenständen, wie bereits bei den Ansatzvorschriften, die besonders für die Konzernrechnungslegung relevanten Fragen vom DRSC ausgespart wurden. Anstatt auf bestehende Zweifelsfragen einzugehen, findet hier oft eine relativ simple Wiederholung bereits bestehender Grundsätze, wie im Falle der allgemeinen Bewertungsvorschriften oder der Verwendung des beizulegenden Zeitwerts statt, und bietet darauf aufbauend kaum neue Informationen für die Wertermittlung immateriellen Vermögens als die allgemeinen Bewertungsvorschriften für die Kapitalkonsolidierung in HGB und DRS 23.[397] Aufgrund ausbleibender Hilfestellungen bleiben den Unternehmen eine Vielzahl von Ermessensspielräumen bei der Wertermittlung, die mitunter nicht unwesentlichen Einfluss auf den Goodwill bei der Kaufpreisallokation haben dürften.[398]

Zeigen sich die Hauptschwierigkeiten immaterieller Vermögensgegenstände im Konzernabschluss zwar in Ansatz und Bewertung bei der Kapitalkonsolidierung, können sie sich jedoch auch bei anderen Konsolidierungsformen als problematisch darstellen. Diese sollen nun abschließend im Fokus eines Exkurses stehen.

E. Exkurs

Werden die nach HGB, neben der Kapitalkonsolidierung, notwendigen Konsolidierungsmethoden[399] betrachtet, so zeigen sich insbesondere für die Aufwands- und

[395] Vgl. *Busse von Colbe et al.*, Konzernabschlüsse, 229.

[396] Vgl. *Haller/Reinke* (Hrsg.), ZfbF 60/2009, 56.

[397] Vgl. *Hoffmann*, StuB 12/2015, 441 (441); § 253 I S.1 HGB; DRS 23.62 ff.

[398] Vgl. *Landgraf/Herrmann/Heßdörfer*, PiR 10/2018, 285 (292); *Moser*, Finanz Bettrieb 11/2008, 732 (732).

[399] Schuldenkonsolidierung, Zwischenergebniseliminierung, Aufwands- und Ertragskonsolidierung; Vgl. §§ 303 ff. HGB.

Ertragskonsolidierung Schwierigkeiten aufgrund der Ansatzregelungen immaterieller Vermögensgegenstände. Diese treten in dem Falle auf, wenn ein Unternehmen einem anderen Unternehmen des gleichen Konzernverbundes einen selbst erstellten immateriellen Vermögensgegenstand veräußert. Hier kann es dazukommen, dass die aus dieser Transaktion entstehenden Umsatzerlöse, saldiert mit einem aus der Veräußerung resultierenden Jahresüberschuss oder Jahresfehlbetrag, ergebniswirksam zu verbuchen sind, falls die Aktivierung des selbst erstellten immateriellen Vermögens nicht erfolgen soll.[400]

Beispiel 4:
TU A veräußert an das konzernverbundene TU B eine selbsterstellte Software für 25 GE. Bei der Entwicklung benötigt das TU A für Aufwendungen 10 GE und für Löhne und Gehälter 5 GE. Sowohl im Einzelabschluss als auch im Konzernabschluss sollen selbsterstellte immaterielle Vermögensgegenstände nicht aktiviert werden. Demzufolge sind die Entwicklungskosten des immateriellen Vermögens in voller Höhe von 15 GE ergebnismindernd in der Gewinn- und Verlustrechnung des Konzerns auszuweisen.[401]

Tabelle 1: Aufwands- und Ertragskonsolidierung

	GuV - TU A		**GuV - TU B**		**A&E-Konsolidierung**		**GuV - Konzern**	
Umsatzerlöse		**25**			**25**			
Material-aufwand	**5**						**5**	
Personal-aufwand	**10**						**10**	
JÜ/JF	**10**					**25**		**15**

Quelle: *Wysocki/Wohlgemuth/Brösel*, Konzernrechnungslegung, 344.

Es wird deutlich, dass durch die Anwendung des Aktivierungswahlrechts selbst erstellter immaterieller Vermögensgegenstände im Konzern eine möglichst an die Einheitsfiktion angelehnte Darstellung der Konzern-Gewinn- und Verlustrechnung deutlich erschwert wird. Dies liegt darin begründet, dass den Innenumsatzerlösen die sonst üblichen Aufwendungen des empfangenden Unternehmens nicht gegenüberstehen, wodurch diese sich

[400] Vgl. *Wysocki/Wohlgemuth/Brösel*, Konzernrechnungslegung, 344.

[401] Vgl. Ebenda, 344.

zu stark im Konzernergebnis niederschlagen.[402] Hat diese Problematik zwar nichts mit der Kapitalkonsolidierung zu tun, wäre hier trotzdem eine Hilfestellung des DRS 24, beispielsweise durch eine Aktivierungsempfehlung im Rahmen solcher Transaktionen, wünschenswert gewesen, um eine möglichst konzernfreundliche Darstellung zu gewährleisten.

F. Fazit

Werden die Erkenntnisse dieser Arbeit zusammengefasst, wird deutlich, dass bezüglich des Vorliegens von Vermögensgegenständen die abstrakte Einzelverwertbarkeit als Voraussetzung gegeben sein muss. Positiv zeigt sich in diesem Zusammenhang, dass die Einzelverwertbarkeit auch vorliegt, falls die Veräußerung nur in Kombination mit anderen Gütern sinnvoll erscheint, da so einer größeren Anzahl immaterieller Güter der Ansatz ermöglicht wird. Besteht ein Zweifelsfall, ob ein Vermögensgegenstand immaterieller Natur ist, wird auf den Charakter der Hauptkomponente abgestellt. Für die Konzernrechnungslegung erscheint es jedoch mehr als fragwürdig, dass assoziierte Unternehmen und Gemeinschaftsunternehmen als konzernfremde dritte charakterisiert werden. Kommt es zu Veränderungen des immateriellen Vermögensgegenstands, so differenziert das DRSC hier zwischen Modifikation, welche die Einstufung des Vermögensgegenstands nicht beeinflusst, und Wesensänderung, wonach ein neuer Vermögensgegenstand entsteht. Erworbene immaterielle Vermögensgegenstände sind zwingend zu aktivieren, während für selbsterstellte immaterielle Vermögensgegenstände ein Wahlrecht gilt. Dabei wird auch bei unentgeltlich erworbenem Vermögen die Ansatzpflicht unterstellt, was besonders mit Hinblick auf die Ausschüttungssperre Probleme verursachen kann.
Als äußerst gelungen zeigen sich dabei jedoch die Ausführungen des DRS 24 bezüglich der Ansatzvoraussetzungen von Entwicklungskosten. Hier wurde auf die Regelungen der internationalen Rechnungslegung zurückgegriffen, welche ohnehin in der Praxis von HGB-Anwendern aufgrund bis dato fehlender Konkretisierungen genutzt wurden. Nichtsdestotrotz spart sich der DRS 24 eine Beleuchtung konkreter Identifikationsprobleme aus. So stellen im Rahmen des Unternehmenszusammenschlusses insbesondere die bisher nicht ansetzbaren immateriellen Güter die Unternehmen vor viele Schwierigkeiten. Hier wären beispielsweise konkret Fragen zu beantworten, ob und inwieweit

[402] Vgl. *Wysocki/Wohlgemuth/Brösel*, Konzernrechnungslegung, 343 f.

Kundenbeziehungen oder immaterielle Güterbündel, die bei Marken oder auch Lizenzen häufig auftreten, oder auch Betriebsgeheimnisse anzusetzen sind. Auch werfen bereits bestehende Geschäfts- oder Firmenwerte Fragen auf, genau wie die wirtschaftlichen Vorteile, die sich aus dem Unternehmenszusammenschluss ergeben und bedürfen einer näheren Erläuterung. Für Verfahrensabläufe wären zudem nähere Angaben zu Wesentlichkeitsgrenzen, sowie zu dem Begriff des wirtschaftlichen Vorteils nötig gewesen.
Ist über den Ansatz entschieden wurden, muss die Bewertung erfolgen. Dabei sollen immaterielle Vermögensgegenstände bei Erwerb mit den Anschaffungskosten bewertet werden und im Falle der Selbsterstellung mit den Herstellungskosten. Die Kosten der Anschaffung, wie sie im Rahmen des Unternehmenserwerbs benötigt werden, sollen anhand des beizulegenden Zeitwerts ermittelt werden. Üblicherweise wird der beizulegende Zeitwert durch den Marktpreis bestimmt. Dieser ist jedoch aufgrund der Einzigartigkeit immateriellen Vermögens häufig nicht verfügbar. Um trotzdem den beizulegenden Zeitwert ermitteln zu können, verweist DRS 24 auf marktpreisorientierte, kapitalwertorientierte, sowie kostenorientierte Verfahren. Außer, dass letzteres Verfahren nur im Ausnahmefall Anwendung finden soll, verwehrt das DRSC allerdings eine nähere Darstellung dieser Methoden. Dies ist besonders dahingehend als kritisch zu sehen, da hier verschiedene Techniken, sowie die Verwendung einer Großzahl möglicher Parameter, die Bewertung der Vermögensgegenstände stark beeinflussen können. So können zentrale Faktoren der Bewertungsmethoden, wie die Nutzungsdauer, der Diskontierungszins, oder auch die Zahlungsüberschüsse der immateriellen Vermögensgegenstände auf unterschiedliche Art und Weisen ermittelt werden, was sich auch im Wert des Vermögensgegenstands niederschlägt. Auch kann die Anwendung konkreter Bewertungstechniken Probleme aufwerfen, was so einer genaueren Darstellung bedürft hätte, um den damit verbundenen Ermessensspielraum auf ein verträgliches Niveau zu reduzieren. So lässt sich auch bezüglich der Bewertung schlussfolgern, dass der DRS 24 eine konkrete Auseinandersetzung mit konzernspezifischen Problemstellungen vermeidet und sich häufig auf die Wiedergabe der gesetzlich bereits fixierten Normen des HGB beschränkt.
Wird die Folgebewertung immaterieller Vermögensgegenstände betrachtet, soll dieser über die betriebsindividuelle Nutzungsdauer abgeschrieben, welche sich hauptsächlich nach rechtlichen und wirtschaftlichen Faktoren bestimmt. Ist eine verlässliche Schätzung der Nutzungsdauer nicht möglich, soll die Abschreibung über zehn Jahre erfolgen, dies ist besonders hinsichtlich des im HGB verankerten Vorsichtsprinzips überraschen mag, da für immaterielles Vermögen häufig geringere Jahreszahlen zur Abschreibung veranschlagt werden. Ist jedoch von einer dauerhaften Wertminderung des immateriellen

Vermögensgegenstands auszugehen, muss eine außerplanmäßige Abschreibung durchgeführt werden.

Abschließend wurde in einem Exkurs deutlich, dass immaterielle Vermögensgegenstände nicht nur bei der der Kaufpreisallokation Schwierigkeiten hinsichtlich der Konzernrechnungslegung bereiten können, sondern auch im Falle der Aufwands- und Ertragskonsolidierung Probleme verursachen. Dass das DRSC auch diese Problemstellung nicht behandelt, verwundert aufgrund der bereits nur spärlichen Behandlung des zentralen Problems der Kapitalkonsolidierung nicht.

Werden nun die im Rahmen dieser Arbeit dargestellten Ausführungen des DRS 24 betrachtet, zeigt sich, dass ein Großteil dieser für die Konzernrechnungslegung, insbesondere die Kaufpreisallokation, nur eine geringe Bedeutung hat.

Geht der DRS 24 die dargestellten Erläuterungen stringent an, sind diese für die (Konzern-)Bilanz häufig nur Nebenkriegsschauplätze.[403] Gleichzeitig wird durch die fehlende Darstellung konkreter Konzernprobleme verpasst, den Ansatz und die Bewertung immateriellen Vermögens zu spezifizieren und so den immensen Spielraum im Hinblick auf den Ansatz eines erworbenen Geschäfts- oder Firmenwerts zu verringern.[404] Demzufolge ist nicht davon auszugehen, dass der DRS 24 großen Einfluss auf die häufig immensen Höhen des Goodwill-Ansatzes, wie sie häufig vorzufinden sind, haben wird. Auch ist zu bezweifeln, dass der Standard aufgrund vieler zurückbleibender Ansatz- und Bewertungsspielräume die Informations- und Vergleichsfunktion der HGB-Konzernabschlüsse bedeutend steigern kann. Zwar muss an dieser Stelle erwähnt werden, dass von einer akribischen Darstellung von Ansatz und Bewertung immateriellen Vermögens im Falle eines Unternehmenszusammenschlusses, wie nach internationaler Rechnungslegung, nie auszugehen war, da diese in IFRS und IAS nur durch den „Impairment only-Approach"[405] nötig wird. Nichtsdestotrotz wäre eine Orientierung des Standards am IFRS 3 hinsichtlich der Beachtung praktischer Problemfälle wünschenswert gewesen.[406]

Bietet der DRS 24 zwar praktikable Lösungen für den Jahresabschluss, muss hier hinterfragt werden, ob das DRSC seine Kompetenzgrenzen überschritten hat. So ist das DRSC nach § 342 II HGB lediglich zur Schaffung von Konzernrechnungslegungsgrundsätzen befugt, wirkt aber durch die Erläuterungen im DRS 24 durchaus auch auf die Grundsätze

---

[403] Vgl. *Theile*, BBK 13/2016, 658 (662).

[404] Vgl. *Ruhnke/Müller/Idà*, KoR 4/2017, 153 (154).

[405] Nach diesem ist die Nutzungsdauer des Goodwills stets unbeschränkt. Eine Abschreibung ist lediglich vorzunehmen, wenn im jährlichen Impairment-Test festgestellt wird, dass der Goodwillwert gefallen ist; Vgl. *Buchholz*, Internationale Rechnungslegung, 133.

[406] Vgl. *Wollmert/Oser/Skirk*, ZfCM Sonderheft 3/2010, 71 (73).

der Einzelabschlüsse ein. Für die Zukunft müsste daher die Frage neu beantwortet werden, inwieweit die Ausstrahlung der DRS-Regelungen auch für die Jahresabschlüsse Bedeutung haben. Zum jetzigen Zeitpunkt ist jedoch nicht davon auszugehen, dass die Grundsätze ordnungsgemäßer Buchführung für Einzelabschlüsse durch den DRS 24 beeinflusst werden.[407] Wird der unverbindliche Charakter der zahlreichen Regelungen für den Einzelabschluss in Betracht gezogen, sowie die ausbleibende Behandlung vieler konzernspezifischer Sachverhalte, lässt dies leider nur den Schluss zu, dass der DRS 24 sein Thema verfehlt und die Betitelung „im Konzernabschluss" ein Trugschluss ist.[408]
Ausblickend könnte hier diskutiert werden, inwieweit den IDW Standards künftig ein rechtsverbindlicher Charakter, ähnlich den DRS, zukommen könnte. Zwar geben diese lediglich die Meinung eines Berufsstandes wieder, haben aber in der Praxis in Auslegungsfällen häufig einen hohen Stellenwert.[409] Demzufolge wären dank des IDW S 5 in Bezug auf die immateriellen Vermögensgegenstände so bereits konkrete Darstellungen bezüglich der Bewertungsmethoden vorhanden. Auch wäre eine HGB-spezifische Sammlung konkreter Problemfälle im Zusammenhang mit immateriellen Vermögensgegenständen denkbar, ähnlich den *Illustrative Examples* des IFRS 3. Ist eine solche Vorgehensweise zwar unüblich in der deutschen Rechnungslegung, scheint dies mit Blick auf die dargelegte Bedeutung dieser unsicheren Vermögensposten trotzdem nicht als abwegig.
Bis dahin bleibt allerdings auch im 21. Jahrhundert festzuhalten, was *Adolf Moxter* bereits im Jahre 1979 formulierte: Die immateriellen Vermögensgegenstände sind die „Sorgenkinder des Bilanzrechts".[410]

[407] Vgl. *Theile*, BBK 11/2015, 522 (525); *Beine/Roß*, WPg 5/2018, 283 (283); *Hoffmann*, StuB 7/2016, 245 (245).

[408] Vgl. *Hoffmann*, StuB 7/2016, 245 (245).

[409] Vgl. *Roos*, BBK 8/2018, 381 (381 f.).

[410] Vgl. *Moxter*, BB 22/1979, 1102 (1102).

Literaturverzeichnis

Adler, Hans/*Düring,* Walther/*Schmaltz,* Kurt, Rechnungslegung und Prüfung der Unternehmen: Kommentar zum HGB, AktG, GmbHG, PublG nach den Vorschriften des Bilanzrichtliniengesetzes, 6. Auflage, Stuttgart, 1995.

Alisch, Katrin/*Arentzen*, Ute/*Winter*, Eggert, Gabler Wirtschaftslexikon, A-D, 16., vollständig überarbeitete und aktualisierte Auflage, Wiesbaden, 2004.

Andres, Dirk/*Leithaus*, Rolf (Hrsg.), Insolvenzrecht (InsO), 2. Auflage, München, 2011.

Althoff, Frank, Einbringung immaterieller Vermögensgegenstände des Anlagevermögens – mit Ausschüttungssperre?, BB 34/2016, 2027-2030.

Arbeitskreis „Immaterielle Werte im Rechnungswesen" der Schmalenbach-Gesellschaft für Betriebswirtschaft e.V, DB 23/2003, 1233-1237.

Baetge, Jörg/*Kirsch,* Hans-Jürgen/*Thiele,* Stefan, Konzernbilanzen, 12., überarbeitete Auflage, Düsseldorf, 2017.

– /*Kirsch,* Hans-Jürgen/*Thiele,* Stefan, Bilanzen, 13., überarbeitete Auflage, Düsseldorf, 2014.

– /*Kirsch,* Hans-Jürgen/*Thiele,* Stefan, Bilanzen, 10., überarbeitete Auflage, Düsseldorf, 2010.

Ball, Andreas/*Denecke*, Florian, Bilanzierung von Arbeitnehmererfindervergütungen im Fokus von steuerlichen Betriebsprüfungen, DB 50/2016, 2926-2929.

Ballwieser, Wolfgang/*Beine*, Frank/*Hayn*, Sven/*Peemöller*, Volker H./*Schruff*, Lothar/*Weber*, Claus-Peter, Handbuch International Financial Reporting Standards 2011, 7., überarbeitete und aktualisierte Auflage, Ulm, 2011.

Barckow, Andreas, DRSC – Aktuelle Trends in der Standardsetzung, in: Velte, Patrick/Müller, Stefan/Weber, Stefan C./Sassen, Remmer/Mammen, Andreas (Hrsg.), Rechnungslegung, Steuern, Corporate Governance, Wirtschaftsprüfung und Controlling, Beiträge aus Wissenschaft und Praxis, Wiesbaden, 2018, 33-50.

Baum, Heinz-Georg/*Coenenburg*, Adolf G./*Günther*, Thomas, Strategisches Controlling, 5. grundlegend neu bearbeitete und erweiterte Auflage, Stuttgart, 2013.

Baumbach, Adolf/*Hopt*, Klaus J. (Hrsg.), Handelsgesetzbuch: HGB, 38., neubearbeitete Auflage, München, 2018.

Bay, Stefan, Kapitalkonsolidierung nach IFRS, Hamburg, 2008.

Behrendt-Geisler, Anneke/*Rimmelspacher*, Dirk, Änderungen bei Vermögensgegenständen mit nicht verlässlich schätzbarer Nutzungsdauer durch das BilRUG, DB 36/2015, 8-11.

Beine, Frank/*Roß*, Norbert, Bilanzierung von Software, WPg 5/2018, 283-288.

Beyer, Sven/*Zwirner*, Christian, Fair Value-Bewertung von Vermögenswerten und Schulden, in: Ballwieser, Wolfgang/Beyer, Sven/Zelger, Hansjörg (Hrsg.), Unternehmenskauf nach IFRS und HGB, Purchase Price Allocation, Goodwill und Impairment-Test, 3., überarbeitete Auflage, Stuttgart, 2014, 187-250.

Bissinger, Daniel/*Dornauer*, Benjamin/*Schneemann*, Ingo, Intangible Assets, Bewertung von immateriellen Vermögensgegenständen, Corporate Finance biz 4/2010, 240-256.

Bitz, Michael/*Schneeloch*, Dieter/*Wittstock*, Wielfried/*Patek*, Guido, Der Jahresabschluss, Nationale und internationale Rechtsvorschriften, Analyse und Politik, 6., überarbeitete und erweiterte Auflage, München, 2014.

Bohl, Werner/*Riese*, Joachim/*Schlüter*, Jörg, Beck'sches IFRS-Handbuch, Kommentierung der IFRS/IAS, 4. Vollständig überarbeitete und erweiterte Auflage, München/Wien, 2013.

Brockhoff, Klaus, Forschung und Entwicklung, Planung und Kontrolle, 5., ergänzte und erweiterte Auflage, München/Wien, 1999.

Brösel, Gerrit/*Kasperzak*, Rainer, Internationale Rechnungslegung, Prüfung und Analyse: Aufgaben und Lösungen, München, 2004.

Buchholz, Carsten, Ein neues DRSC?, Zur Weiterführung der Zuständigkeiten des DRSC als privatverbandliches Gremium für den handelsrechtlichen Einzelabschluss, Frankfurt a. M., 2004.

Buchholz, Rainer, Internationale Rechnungslegung, Die wesentlichen Vorschriften nach IFRS und HGB – mit Aufgaben und Lösungen, 12., völlig neu bearbeitete Auflage, Berlin, 2015.

Busch, Julia/*Zwirner*, Christian, Planmäßige Abschreibung materieller und immaterieller Vermögenswerte, Änderungen von IAS 16 und IAS 38, IRZ 11/2014, 415-418.

Buschhüter, Michael/*Striegel*, Andreas (Hrsg.), Kommentar Internationale Rechnungslegung - IFRS, Wiesbaden, 2011.

Busse von Colbe, Walther, Ausbau der Konzernrechnungslegung im Lichte internationaler Entwicklungen, ZGR Band 29 (4/5/2000), 651-673.

– /*Ordelheide*, Dieter/*Gebhardt*, Günther/*Pellens*, Bernhard, Konzernabschlüsse, Rechnungslegung nach betriebswirtschaftlichen Grundsätzen sowie nach Vorschriften des HGB und der IAS/IFRS, 9., vollständig überarbeitete Auflage, Wiesbaden, 2010.

Cappel, Wolfhard/*Hartmann*, Philipp, Die Goodwill-Entwicklung 2008-2016 der Dax30-Unternehmen, KoR 5/2018, 230-241.

Castedello, Marc, Fair Value-Bewertung ausgewählter immaterieller Vermögenswerte, in: Ballwieser, Wolfgang/Beyer, Sven/Zelger, Hansjörg (Hrsg.), Unternehmenskauf nach IFRS und HGB, Purchase Price Allocation, Goodwill und Impairment-Test, 3., überarbeitete Auflage, Stuttgart, 2014, 251-280.

Coenenberg, Adolf G./*Haller*, Axel/*Schultze*, Wolfgang, Jahresabschluss und Jahresabschlussanalyse, Betriebswirtschaftliche, handelsrechtliche, steuerrechtliche und internationale Grundlagen - HGB, IAS/IFRS, US-GAAP, DRS, 23., überarbeitete Auflage, Stuttgart, 2014.

Dobler, Michael/*Kurz*, Gerhard, Aktivierungspflicht für immaterielle Vermögensgegenstände in der Entstehung nach dem RegE eines BilMoG, KoR, 7/8/2008, 485-493.

Eckert, Kim-Patrick, Konzerninterne immaterielle Wirtschaftsgüter in der steuerlichen Betriebsprüfung Aktivierung von immateriellen Wirtschaftsgütern im Konzernverbund - Entgeltlicher Erwerb - Herstellerrisiko - Objektiver Markt - Objektive Marktpreisbildung, DB 29/2016, 2265-2266.

Ekey, Friedrich/*Bender*, Achim/*Fuchs-Wissemann*, Georg (Hrsg.), Markenrecht Band 1, Markengesetz und Markenrecht ausgewählter ausländischer Staaten, 3., neu bearbeitete Auflage, Zwickau, 2014.

Ewelt-Knauer, Corinna, Der Konzernabschluss als Berichtsinstrument der wirtschaftlichen Einheit, Zur Abgrenzung des Vollkonsolidierungskreises sowie zur bilanziellen Abbildung von Transaktionen mit Dritten, Köln, 2010.

Fink, Christian/*Schulze*, Wolfgang/*Winkeljohann*, Norbert, Bilanzpolitik und Bilanzanalyse nach neuem Handelsrecht, Stuttgart, 2010.

Focken, Elke/*Plawky*, André, Unternehmenszusammenschlüsse und Goodwill-Disclosures gem. SFAS 141/142, IAS und HGB, KoR 7/2004, 298-307.

Geier, Tim, Die Aktivierung von Arbeitnehmererfindungen, DStR 22/2017, 1192-1195.

Gelhausen, Hans-Friedrich/*Kämpfer*, Georg/*Fey*, Gerd, Rechnungslegung und Prüfung nach dem Bilanzrechtsmodernisierungsgesetz, Düsseldorf, 2009.

Gersbacher-Volz, Anna/*Koch*, Jens, Bilanzierung von selbst erstellter Software: Praktische und prüfungsrechtliche Herausforderungen, Teil 1: Ansatz, Bewertung und Ausweis von selbst erstellter Standardsoftware – Prüfungsansätze/-Handlungen des Wirtschaftsprüfers, BC 2/2017, 66-73.

Greinert, Markus, Nutzungsdauer einer Marke im Konzernabschluss, BB 9/2004, 483-487.

Grottel, Bernd/*Schmidt,* Stefan/*Schubert,* Wolfgang J./*Winkeljohann,* Norbert (Hrsg.), Beck'scher Bilanz-Kommentar, 11., neu- bearbeitete Auflage, München, 2018.

Haaker, Andreas, Problembereiche im BilRUG-RefE, StuB 1/2015, 11-16.

Hachmeister, Dirk/*Kunath*, Oliver, Die Bilanzierung des Geschäfts- oder Firmenwerts im Übergang auf IFRS 3, KoR 2/2005, 58-62.

Hahn, Julian/*Quick*, Reiner, Weshalb entscheiden sich Unternehmen für die Aktivierung eigener Entwicklungskosten?, Ergebnisse einer empirischen Untersuchung von HGB-Konzernabschlüssen -, DB 17/2017, 917-921.

Haller, Axel/*Reinke*, Rüdiger (Hrsg.), Immaterielle Werte im Rahmen der Purchase Price Allocation bei Unternehmenszusammenschlüssen nach IFRS, Ein Beitrag zur Best Practice, ZfbF Sonderheft 60/2009, 1-99.

Hanke, Christian, Aktivierung von Herstellungskosten, Neufassung und Anpassung des IDW RS HFA 31 an DRS 24, BBK 8/2018, 385-387.

– Änderung bei der Bilanzierung von Software beim Anwender, BC 4/2018, 164-168.

Hänsch, Falco, Bilanzierung von Diensterfindungen, Arbeitnehmererfindungen als entgeltliche oder selbstgeschaffene Wirtschaftsgüter, BBK 18/2017, 862-871.

Häublein, Martin/*Hoffmann-Theinert,* Roland (Hrsg.), Beck'scher Online-Kommentar HGB, 8. Edition, München, 2010.

Hennrichs, Joachim, Immaterielle Vermögensgegenstände nach dem Entwurf des Bilanzrechtsmodernisierungsgesetzes (BilMoG), DB 11/2008, 537-542.

– /*Kleindiek,* Detlef/*Watrin,* Christoph (Hrsg.), Münchner Kommentar zum Bilanzrecht, München, 2013.

Herzig, Norbert, Bilanzierung von Fernseh- und Sportübertragungsrechten bei werbefinanzierten Privatsendern, in: Matschke, Manfred J./Schildbach, Thomas (Hrsg.), Unternehmensberatung und Wirtschaftsprüfung, Festschrift für Prof. Dr. Günter Sieben zum 65. Geburtstag, Stuttgart, 1998, 223-241.

Hoffmann, Wolf-Dieter, Standardisierung zu den immateriellen Vermögensgegenständen, StuB 7/2016, 245-246.

– Immaterielle Vermögensgegenstände im Konzernabschluss nach E-DRS 32, StuB 12/2015, 441-442.

Holzamer, Matthias, Shareholder-Value-Management von Banken, Mit einem Geleitwort von Laurenz Czempiel und Wolfgang Zirus, München, 2004.

Hütten, Christoph/*Mojadadr*, Mana, Goodwillbilanzierung in der Unternehmenspraxis – Das Beispiel SAP, in: Ballwieser, Wolfgang/Beyer, Sven/Zelger, Hansjörg (Hrsg.), Unternehmenskauf nach IFRS und HGB, Purchase Price Allocation, Goodwill und Impairment-Test, 3., überarbeitete Auflage, Stuttgart, 2014, 447-478.

Institut der Wirtschaftsprüfer (IDW S 5), Standard Nr. 5 „Grundsätze zur Bewertung immaterieller Vermögenswerte", Mai 2011.

– (IDW RS HFA 11), Stellungnahme zur Rechnungslegung Nr. 11 „Bilanzierung entgeltlich erworbener Software beim Anwender", Dezember 2017.

– (IDW RS HFA 11 a. F.), alte Fassung der Stellungnahme zur Rechnungslegung Nr. 11 „Bilanzierung entgeltlich erworbener Software beim Anwender", Juli 2010.

Kajüter, Peter, Möglichkeiten und Grenzen der Bilanzierung von Kundenbeziehungen, in: Helm, Sabrina/Günter, Bernd/Eggert, Andreas (Hrsg.), Kundenwert – Grundlagen – Innovative Konzepte – Praktische Umsetzung, 4., überarbeitete und erweiterte Auflage, Wiesbaden, 2017, 471-498.

Kasperzak, Rainer/*Nestler*, Anke, Bewertung von immateriellem Vermögen, Anlässe, Methoden und Gestaltungsmöglichkeiten, Ulm, 2010.

– /*Nestler*, Anke, Zur Berücksichtigung des Tax Amortisation Benefit bei der Fair Value-Ermittlung immaterieller Vermögenswerte nach IFRS 3, DB 9/2007, 473-478.

Kaufmann, Roland/*Oser*, Peter, Arbeitnehmerdiensterfindungsvergütungen – kein entgeltlicher Erwerb eines immateriellen Werts, DB 10/2017, 497-498.

Klamar, Nils/*Linnig*, Lukas, Ermittlung der verbleibenden Nutzungsdauer von Kundenbeziehungen im Rahmen einer Kaufpreisallokation, KoR 5/2016, 223-229.

Köthner, Robert, Immaterielle Vermögenswerte: Praxis der Bewertung im Rahmen einer Kaufpreisallokation nach IFRS, ZfCM 56/2012, 57-65.

Kreide, Raoul, Das Nicht-Aktivierungswahlrecht für selbst geschaffene immaterielle Vermögensgegenstände, Anwendungsfragen rund um die „ewigen Sorgenkinder des Bilanzrechts" -, KoR 3/2015, 148-152.

Koller, Ingo/*Kindler,* Peter/*Roth,* Wulf-Henning/*Morck*, Winfried (Hrsg.), HGB Handelsgesetzbuch Kommentar, 8. Auflage, München, 2015.

Krimpmann, Andreas, Konsolidierung nach IFRS/HGB, Vom Einzel- zum Konzernabschluss, München, 2009.

Küting, Karlheinz, Der Geschäfts- oder Firmenwert als Schlüsselgröße der Analyse von Bilanzen deutscher Konzerne, DB 51/52/2005, 2757-2765.

– /*Weber*, Claus-Peter, Der Konzernabschluss, Praxis der Konzernrechnungslegung nach HGB und IFRS, 13., grundlegend überarbeitete Auflage, Stuttgart, 2012.

– /*Ellmann*, David, Die Herstellungskosten von selbst geschaffenen immateriellen Vermögensgegenständen des Anlagevermögens, DStR 25/2010, 1300-1308.

Landgraf, Christian/*Herrmann*, Stefan/*Heßdörfer*, Inga, Bilanzierung von Marken nach IFRS und HGB, PiR 10/2018, 285-292.

Leibfried, Peter/*Fassnacht*, Andreas, Unternehmenserwerb und Kaufpreisallokation, KoR 1/2017, 48-57.

Lüdenbach, Norbert, Aktivierung der Nebenkosten einer Fernsehlizenz, StuB 4/2018, S.144.

– Aktivierbarkeit von Diensterfindungen, StuB 22/2017, 866.

– /*Hoffmann*, Wolf-Dieter/*Freiberg*, Jens (Hrsg.), Haufe IFRS Kommentar, Das Standardwerk, 15. Auflage, Freiburg, 2017.

– /*Prusaczyk*, Peter, Bilanzierung von Kundenbeziehungen in der Abgrenzung zu Marken und Goodwill, KoR 5/2004, 204-214.

Marx, Franz Jürgen, Vergütungen für Diensterfindungen als Bilanzierungsvorgänge in Handels- und Steuerbilanz, StuB 16/2016, 607-613.

Mestmäcker, Ernst J./*Schulze*, Erich (Hrsg.), Kommentar zum Deutschen Urheberrecht, Loseblattsammlung, Stand 9/2011, Köln, 2011.

Moser, Ulrich, Plausibilisierung des Goodwills im Rahmen einer Kaufpreisallokation nach IFRS 3 durch zukünftige immaterielle Vermögenswerte, Finanz Betrieb 11/2008, 732-746.

– /*Goddar*, Heinz, Finanz Betrieb 10/2007, 594-609.

Moxter, Adolf, Aktivierungspflicht für selbsterstellte immaterielle Anlagewerte?, DB 28/29/2008, 1514-1517.

– Immaterielle Anlagewerte im neuen Bilanzrecht, BB 22/1979, 1102-1109.

Mujkanovic, Robin, Bilanzierung von Software nach IDW nach IDW RS HFA 11 n. F. und 31 n. F., StuB 2/2018, 49-53.

– Bilanzierung immaterieller Güter nach DRS 24, StuB 7/2016, 247-250.

– Bewertung und Ausweis immaterieller Güter nach E-DRS 32, StuB 15/2015, 575-579.

– Ansatz immaterieller Güter nach E-DRS 32, StuB 14/2015, 523-529.

– BilRUG: Folgebewertung des selbsterstellten immateriellen Anlagevermögens und des Geschäfts- oder Firmenwerts, StuB 20/2014, 751-755.

Müller, Stefan, Selbst geschaffenes immaterielles Anlagevermögen: Warum musste es ein Wahlrecht sein?, BC 6/2017, 263-264.

– /*Schmidt*, Harald, Haufe Finance Office Professional, erhältlich im Internet: <https://www.haufe.de/finance/finance-office-professional/grundsaetze-ordnungsmaessiger-buchfuehrung-nach-hgb-37-wesentlichkeit-und-wirtschaftlichkeit_idesk_PI11525_HI9892625.html> (besucht am 05. Dezember 2018).

Nirk, Rudolf, Die Einordnung der Gewährleistungsansprüche und Leistungsstörungen bei Verträgen über Patente in das Bürgerliche Gesetzbuch, GRUR 7/1970, 329-339.

Ozan, Tülay, Die Bilanzierung des Sachanlagevermögens unter Berücksichtigung des Komponentenansatzes nach HGB, EStG und IFRS, Hamburg, 2014.

Pellens, Bernhard/*Fülbier*, Rolf Uwe/*Gassen*, Joachim/*Sellhorn*, Thorsten, Internationale Rechnungslegung, IFRS 1 bis 16, IAS 1 bis 41, IFRIC-Interpretationen, Standardentwürfe, 10., überarbeitete Auflage, Stuttgart, 2017.

Peters, Jörn, Rechte des Geistigen Eigentums bei Unternehmenstransaktionen, Tübingen, 2016.

Petersen, Karl/*Zwirner*, Christian, Bilanzrechtsmodernisierungsgesetz: BilMoG, 1. Auflage, München, 2009.

Pfauth, Andreas, Goodwillbilanzierung nach US-GAAP, Kapitalmarktreaktionen auf Abschaffung der planmäßigen Abschreibungen, Wiesbaden, 2008.

Prahalad, Coimbatore K./*Hamel*, Gary, The Core Competence of the Corporation, HBR 5/1990, 79-91.

Rade, Roman/*Richwien*, Luisa, Lucanet Whitepaper, DRS 24, Welche Neuerungen ergeben sich durch den Standard?, Berlin, 2016.

Rammert, Stefan/*Hommel*, Michael/*Wüstemann*, Jens, Konzernbilanzierung case by case, Lösungen nach HGB und IFRS, 6., aktualisierte Auflage, Frankfurt am Main, 2018.

Reichl, Alexander, Verrechnung immaterieller Wirtschaftsgüter im internationalen Konzern, Köln, 2013.

Rogler, Silvia/*Schmidt*, Marco/*Tettenborn*, Martin, Ansatz immaterieller Vermögenswerte bei Unternehmenszusammenschlüssen, KoR 12/2014, 577-585.

Rohleder, Stephan, Die Bilanzierung selbst geschaffenenr immaterieller Vermögensgegenstände des Anlagevermögens, Weiterentwicklung des HGB unter besonderer Berücksichtigung der Anforderungen mittelständischer Unternehmen -, DB 29/2016, 1645-1652.

Roos, Benjamin, Bilanzierung entgeltlich erworbener Software beim Anwender, Neufassung und Anpassung des IDW RS HFA 11 an DRS 24, BBK 8/2018, 381-384.

Rossmanith, Jonas/*Funk*, Wilfried/*Eha*, Carmen, Bilanzierung von immateriellen Vermögensgegenständen durch das BilMoG, Der Betriebswirt 1/2011, 22-27.

Ruhnke, Klaus/*Müller*, Max/*Idà*, Francesca, Berücksichtigung des Tax Amortization Benefit beim Erwerb immaterieller Vermögenswerte nach IFRS 3, KoR 4/2017, 153-157.

– /*Schmiele*, Catharina/ *Sanyang*, Madany, Bedeutung selbst erstellter immaterieller Vermögensgegenstände des Anlagevermögens für Kreditvergabeentscheidungen, DB 51/52/2009, 2725-2729.

Scherrer, Gerd, Konzernrechnungslegung nach HGB, Eine Anwendungsorientierte Darstellung mit zahlreichen Beispielen, 3., vollständig überarbeitete Auflage, München, 2012.

Schmidt, Christoph, Grundlagen zur abstrakten Aktivierungsfähigkeit selbst geschaffener immaterieller Vermögensgegenstände des Anagevermögens, DB 23/2014, 1273-1276.

Schmidt, Karsten, Münchener Kommentar zum Handelsgesetzbuch: HGB, 3. Auflage, München, 2013.

Schruff, Lothar/*Haaker*, Andreas, Immaterielle Vermögenswerte, in: Ballwieser, Wolfgang/Beine, Frank/Hayn, Sven/Peemöller, Volker H./Schruff, Lothar/Weber, Claus-Peter (Hrsg.), Wiley Handbuch International Financial Reporting Standards 2011, 7., überarbeitete und aktualisierte Auflage, Weinheim, 2011, 435-475.

Sellhorn, Thomas, Goodwill Impairment, An Empirical Investigation of Write-Offs under SFAS 142, Frankfurt a. M., 2004.

Strenkert, Andreas, Die Beendigung des Lizenzvertrags, Berlin, 2011.

Theile, Carsten, Immaterielle Vermögensgegenstände nach DRS 24: eine verpasste Chance, BBK 13/2016, 658-662.

– Entwurf E-DRS 32: Immaterielle Vermögensgegenstände im Konzernabschluss, BBK 11/2015, 522-525.

Theile, Carsten, Immaterielle Vermögenswerte des Anlagevermögens (IAS 38), in: Heuser, Paul J./ Theile, Carsten (Hrsg.), IFRS Handbuch, Einzel- und Konzernabschluss, 4., neu bearbeitete Auflage, Köln, 2009, 145-167.

– Der Regierungsentwurf zum Bilanzrechtsmodernisierungsgesetz, BBK 12/2008, 605-614.

Thiele, Stefan/*von Keitz,* Isabel/*Brücks,* Michael (Hrsg.), Internationales Bilanzrecht, Rechnungslegung nach IFRS, Bonn, 2008.

Tran, Duc Hung, Die Bilanzierung immaterieller Vermögensgegenstände nach BilMoG, Neue Erkenntnisse empirischer Befunde, KoR 11/2011, 538-542.

Velte, Patrick, Verlängerung der Nutzungsdauer für den derivativen Geschäfts- oder Firmenwert und selbst erstellte immaterielle Anlagegüter durch das Bilanzrichtlinie-Umsetzungsgesetz (BilRUG), NZG 22/2015, 856-858.

–, Intangible Assets und Goodwill im Spannungsfeld zwischen Entscheidungsrelevanz und Verlässlichkeit, Hamburg, 2008.

Winkeljohann, Norbert/*Schellhorn,* Mathias, Gründungs- und Eröffnungsbilanz der Kapitalgesellschaft, in: Winkeljohann, Norbert/Förschle, Gerhart/Deubert, Michael (Hrsg.), Sonderbilanzen, Von der Gründungsbilanz bis zur Liquidationsbilanz, 5., vollständig überarbeitete und erweiterte Auflage, München, 2016, Rn.126-158.

Winnefeld, Robert, Bilanz-Handbuch, 5., vollständig überarbeitete und erweiterte Auflage, München, 2015.

Wollmert, Peter/*Oser,* Peter/*Skirk,* Ulrich, Die Kapitalkonsolidierung nach BilMoG, ZfCM Sonderheft 3/2010, 71-79.

Wulf, Inge, Bilanzierung des selbst geschaffenen immateriellen Anlagevermögens nach dem BilMoG, kritische Würdigung und rechnungslegungsanalytische Perspektiven im Lichte der Bilanztheorien, ZPU 20/2010, 331-352.

– Immaterielle Vermögenswerte nach IFRS, Ansatz, Bewertung, Goodwill-Bilanzierung, Berlin 2009.

Wulf, Inge/*Lange*, Heinrich/ *Niemöller*, Jens, E-DRS 32, Bilanzierung von immateriellen Vermögensgegenständen im Konzernabschluss im Lichte des IAS 38, BB 2015, 1835-1837.

Wysocki, Klaus, Aufstellung und Prüfung des Konzernabschlusses, Materialien zur Vorbereitung auf die Berufsexamina wirtschaftsprüfender und -beratender Berufe, zweite, überarbeitete und ergänzte Auflage, München/Wien, 1998.

– /*Wohlgemuth*, Michael/*Brösel*, Gerrit, Konzernrechnungslegung, 5., vollständig neu bearbeitete Auflage, Konstanz/München, 2014.

Zelger, Hansjörg, Purchase Price Allocation nach IFRS und HGB, in: Ballwieser, Wolfgang/Beyer, Sven/Zelger, Hansjörg (Hrsg.), Unternehmenskauf nach IFRS und HGB, Purchase Price Allocation, Goodwill und Impairment-Test, 3., überarbeitete Auflage, Stuttgart, 2014, 139-186.

Zwirner, Christian, Reformierung des HGB: Änderungen durch das BilRUG, StuB 18/2014, 688-697.

Rechtsquellenverzeichnis

BFH vom 05. März 1992, IV B 178/90, in: BStBl. II 1992, 725.

BFH vom 02. Juni 2014, III B 7/14, in: BFH/NV 2014, Rn. 16.

Deutscher Bundestag (BT-Drucksache 16/10067), Drucksache des Deutschen Bundestages 16/10067, „Entwurf eines Gesetzes zur Modernisierung des Bilanzrechts (Bilanzrechtsmodernisierungsgesetz – BilMoG)", Juli 2008.

DRSC (DRS 13), Deutscher Rechnungslegungs Standard Nr. 13 „Grundsatz der Stetigkeit und Berichtigung von Fehlern", Juli 2002.

– (DRS 23), Deutscher Rechnungslegungs Standard Nr. 23 „Kapitalkonsolidierung", September 2015.

– (DRS 24), Deutscher Rechnungslegungs Standard Nr. 24 „Immaterielle Vermögensgegenstände im Konzernabschluss", Oktober 2015.

– (E-DRS 32), Entwurf des Deutschen Rechnungslegungs Standard Nr. 32 „Immaterielle Vermögensgegenstände im Konzernabschluss", Mai 2015.

Richtlinie 2013/34/EU des Europäischen Parlaments und des Rates vom 26. Juni 2013 betreffend den Jahresabschluss, den konsolidierten Abschluss und damit verbundene Berichte von Unternehmen bestimmter Rechtsformen und zur Änderung der Richtlinie 2006/43/EG des Europäischen Parlaments und des Rates und zur Aufhebung der Richtlinien 78/660/EWG und 83/349/EWG des Rates, in: ABl. L 182 vom 29. Juni 2013, 19.

FSC
www.fsc.org
MIX
Papier | Fördert
gute Waldnutzung
FSC® C083411

Kolibri 360 GmbH
Ferdinand-Jühlke-Straße 7
99095 Erfurt, Deutschland
produktsicherheit@kolibri360.de

Druck:
CPI Druckdienstleistungen GmbH
im Auftrag der
Kolibri 360 GmbH
Ferdinand-Jühlke-Str. 7
99095 Erfurt